Du bist das Davonlaufen leid?
Dann stell dich der Erkenntnis, dass sich der Hartnäckigste niemals abschütteln lässt, jener, vor dem du fliehst, seit du denken kannst: du selbst.
(Celia Dos Torres)

Dieses Buch hilft Dir dabei, stehen zu bleiben und zu erkennen, dass Du ein glückliches, zufriedenes und wunderbares Leben leben kannst, wenn Du DU bist.

An der Entstehung dieses Buches haben Menschen mitgewirkt, denen ich hiermit meinen Dank ausspreche:

Meiner geliebten Mutter Gerlinde: Mama, dieses Buch ist für Dich!

Meinem Freund, Berater und Lektor Johannes Kirchner, der mit unerschütterlichem Glauben an diesem Buch mitgearbeitet hat.

Meiner gesamten Familie und all meinen Freunden, die mir auch in der schweren Zeit nach meinem Unfall beistanden, meine neue Sichtweise des Lebens akzeptieren und mich beim Schreiben dieses Buches mit ihrem Glauben an mich unterstützten.

INHALTSVERZEICHNIS

Teil 1

Teil 2

Spiegelflüstern übers Jahr

Affirmationen

Einleitung

Mein Name ist Stefan Schilchegger.
Ich bin 43, ledig
und habe einen Hund.

Wenn Du die Antwort auf die Frage: „Was ist wirklich wichtig in meinem Leben?“ spüren möchtest, dann lies dieses Buch.
Mein Leben hat schwer daran gearbeitet, mir diese Erkenntnis zu liefern.

Ich habe dieses Buch bewusst kurz gefasst, es ist quasi „Fast Food“ für die Seele, schnell zu lesen und umzusetzen.

Alles begann am 4. November 2004.

Der Anlass

4. November 2004

Es war ein feuchter und kalter Tag. Es nieselte leicht und es war kalt im Zimmer, und ich wusste schon nach dem Aufstehen, dass heute wieder einer dieser absolut frustrierenden und unproduktiven Tage sein würde. Ich kannte und hasste diese Tage.

Gequält schleppte ich mich ins Bad und blickte in den Spiegel. Was ich dort sah, machte meine Stimmung nicht besser.

Das Wasser in der Dusche war nur lauwarm, und ich konnte kein Kleidungsstück finden, das passte. Alles an diesem Tag war grau, wie meine Stimmung. Ich stieg in dieses kalte und schmutzige Auto ein (überall lagen Hundehaare von Balou), und ich war schon wieder zu spät dran und schaffte einen Geschäftstermin nicht, was wiederum meine Partner verärgern würde.

Während der Autofahrt telefonierte ich mit meiner Lebensgefährtin, sie hatte schon viermal angerufen. Sie war mit dem letzten Wochenende total unzufrieden. Sie erklärte mir, dass unsere Beziehung so keinen Sinn mehr hätte.
Ich fuhr ins Büro und versuchte mich durch die unerledigte Post zu wühlen, wobei ich einige Mahnbriefe gar nicht erst öffnen wollte, weil ich genau wusste, was sie enthielten.
Dann rief mich auch noch ein Kunde an und teilte mir mit, dass eine Rechnung zu hoch sei, weil das Ergebnis nicht seinen Vorstellungen entsprach. Ich musste die Bank anrufen und sie darüber informieren. Auf meinem Schreibtisch lagen noch immer sehr viele Dinge, die ich nicht erledigt hatte und schon seit Wochen vor mir her schob.
Ich war demotiviert, frustriert, demoralisiert, ohne Energie, starrte kraftlos in den Computer und schlug die Zeit mit irgendwelchen Recherchen im Internet tot. Wie sollte ich diesen Tag überleben, wie die kommende Woche? Und überhaupt: Wie sollte das alles weitergehen mit meinem Leben? Meine junge Beratungsfirma lief noch so gut wie gar nicht, die Schulden wurden immer höher, meine private Beziehung war alles andere als harmonisch, die Firma meines Vaters hatte mein Bruder übernommen, meine Mutter war vor Kurzem gestorben, und ich wurde diese Angst nicht los, es nicht zu schaffen.

Normalerweise half mir in solchen Fällen nur eines: Sport machen, schwitzen und vergessen. Dann ging es mir meist wieder besser.

Der Spiegel

Um 19.35 Uhr kam ich an diesem 4. November 2004 in das InjoyFitness-Center in Schladming.

Mein Indoor-Cycling-Kurs hatte schon begonnen. Ich lief in die blendend weiße, grell beleuchtete Umkleidekabine. Es roch nach Schweiß, und aus dem offenen Nebenraum drang laute Musik. Ich stand dort ganz allein, alle anderen waren ja schon im Kurs.

„Jetzt bin ich schon wieder zu spät dran, es ist immer das gleiche!“ dachte ich und wurde noch wütender auf mich.

Ich schmiss meine Sportsachen vor ein Kästchen und kochte innerlich. Am Ende dieser kalten, in Neonlicht getauchten Umkleidekabine hing neben den Duschen ein großer Spiegel.

Ich wollte mich gar nicht anschauen, weil ich so böse auf mich war, dass ich mich am liebsten angespuckt hätte.

Trotzdem ging ich auf diesen Spiegel zu, starrte auf den grauen Fliesenboden, und mit jedem Schritt in diese Richtung wurde ich noch aggressiver. Ich war so angriffslustig, dass ich mich am liebsten selbst geschlagen hätte. Ich ging so weit, bis ich genau vor dem Spiegel stand. Plötzlich wollte ich dieses Gesicht sehen, ich musste diesen Menschen sehen, der mich so wütend und unglücklich machte.
Ich stellte mich ganz nahe vor den Spiegel und betrachtete mein Gesicht.
Als ich so dastand und mich beobachtete, konnte ich mich nicht mehr ertragen. Ich konnte diesen Anblick nicht mehr ertragen.
Ich sah einen wütenden, verzweifelten und zutiefst unglücklichen Menschen, und ich sah gleichzeitig den Menschen, der dieses Unglück verursacht hatte.
Dieser Mensch war ich.
Ich betrachtete mein Gesicht.
Ich sah meine traurigen Augen, meine Falten, meine matte Haut, meine Haare, meine Lippen... und ich spürte, dass jetzt etwas passieren würde.
In mir brodelte es.
Irgendetwas musste jetzt sofort heraus.

Der Vulkan

Und dann passierte es.
Ich stand ganz knapp vor dem Spiegel, blickte in mein Gesicht und fing an zu schreien. Ich schrie mein Spiegelbild voller Hass an. Ich schrie immer wieder: „Stefan, warum? Stefan, warum? Stefan, warum...?"
Meine Stimme überschlug sich und wurde immer höher. Ich hasste mich so sehr für alles, was ich im Leben vermasselt hatte.

In Bruchteilen von Sekunden fiel mir alles ein, was mein Leben zu dem gemacht hatte, was meine Realität war:

- Ich war ein rebellisches Kind und machte meinen Eltern viel Kummer
- In der Schule war ich faul und wollte nie etwas lernen
- Ich machte viele Ausbildungen ohne Abschluss
- Das Studium schmiss ich sofort hin
- Ich habe wenig Erfolg als Unternehmer
- Ich verfolge immer sinnlose und wahnwitzige Geschäftsideen
- Ich hatte noch nie eine wirklich funktionierende Beziehung mit einer Frau

Was war ich nur für ein totaler Versager!

Mein ganzes Leben war eine einzige Pleite, und Geld hatte ich jetzt auch keins mehr. Dabei hatte ich wohlhabende Eltern mit einem großen Unternehmen. Alles weg.

Ich schrie: „Stefan, warum ...?“
... dann kamen die Tränen.

Ich stand vor dem Spiegel, schluchzte und mir wurde kalt. Das Neonlicht, der weiße Raum und der graue Boden verschwammen unter meinen Tränen. Ich weinte über diesen Stefan, der alles falsch gemacht hatte.

Ich beweinte mein ganzes Leben.

Die Wandlung

Ich hasste mein Spiegelbild, aber unter all den Tränen der Verzweiflung, der Angst und der Wut begann ich in diesem Moment noch etwas anderes zu fühlen. Ich empfand Mitleid. Er tat mir so leid, dieser Stefan. Er berührte mich so sehr, und auf einmal konnte ich ihn spüren.

Ich spürte und sah IHN, diesen Stefan,
der so voller Angst ist,
der nicht mehr an sich glaubt,
der schon alles versucht hat,
der so oft Nein sagen wollte,
der verzweifelt und müde geworden ist,
und den mittlerweile so stillen Stefan in mir.

Ich konnte ihn in mir sehen, gebrochen und so traurig, er kauerte nur da, schaute mich nicht an und sagte kein Wort zu mir.
Er aber war es, der mir immer zeigen wollte, wer ich wirklich bin.
Seine Bedürfnisse, sein Wissen um mich, seine Warnungen und auch seine Ängste hatte ich nie wirklich zu mir durchdringen lassen, sondern sie immer wieder verdrängt, um in meinem „normalen Leben" nicht gestört zu werden.
Immer wieder hat er versucht, mich aufzuwecken, aber ich habe ihn nicht gehört.
Ich habe den Stefan in mir selbst verraten.

Dieser Moment war so intensiv und so schmerzvoll, dass es kaum auszuhalten war. Ich floh in den Fitnessraum, um mich sofort abzulenken. Ich habe mich dann beim Training völlig verausgabt, aber es gelang mir trotzdem nicht, dieses Erlebnis aus dem Kopf zu bekommen.
Auf dem Nachhauseweg im Auto versuchte ich, gedanklich mein Leben wieder ein wenig geradezubiegen. „So schlimm ist es nicht, ich bin ja doch auf dem richtigen Weg, es wird schon weitergehen..."

Die Versöhnung

In dieser Nacht schlief ich schlecht, weil mir dieses Spiegelerlebnis nicht aus dem Kopf ging. Ich versuchte zwar mit aller Kraft, es beiseite zuschieben, aber es gelang mir einfach nicht.

Als ich am nächsten Morgen frustriert ins Bad kam, wollte ich überhaupt nicht in den Spiegel schauen, weil ich Angst vor dem Erlebnis des gestrigen Abends hatte. Ich tat es dann aber doch und sah wieder dieses Versager-Gesicht. Die Vorwürfe kamen wieder, und neue fielen mir noch zusätzlich ein. So stand ich vor dem Spiegel und wollte stark bleiben, aber meine Dämme brachen abermals. Es schmerzte so unbeschreiblich, mich so anzuschauen, die Tränen zu sehen und zu wissen, dass ich diesem Gefühl des Versagens und der Sinnlosigkeit nichts mehr entgegenzusetzen hatte. So stand ich vor dem Spiegel und wusste nicht mehr, was ich jetzt tun sollte. „Woher kommen diese Ängste, Stefan?"

„Woher? Was hat sich denn so verändert, dass Du nicht mehr fähig bist, positiv zu denken?“, fragte ich mich. Die Antwort war erschütternd, weil es einfach die Wahrheit war:

ICH KONNTE MICH NICHT MEHR BELÜGEN.

Es war jetzt nicht mehr möglich, auf diese knappe Distanz (ca. 15 cm) vor dem Spiegel, mir wie sonst einzureden, dass alles jetzt besser würde, dass alle anderen schuld seien und dass es so viele Gründe gebe, warum ich so geworden war, wie ich war.
Es lag doch klar auf der Hand, warum ich so geworden war: wegen meiner Erziehung, wegen des Internats, wegen der schlechten Menschen, weil mich niemand verstand, weil ich kein Glück hatte, weil ich immer zur falschen Zeit am falschen Ort war, wegen der Wirtschaft, der Politik, des Wetters usw.
Panik stieg in mir hoch. Ich wusste in diesem Moment nicht mehr, was jetzt passieren würde und was ich gegen diesen völligen Ausnahmezustand tun sollte. Ich wollte weglaufen vor diesem Gesicht, wollte weglaufen vor den Vorwürfen, weglaufen vor mir selbst...
„Aufgeben...“, das war der Gedanke, den ich hatte.
„Ich gebe auf, jetzt ist es genug.“

Als ich so vor dem Spiegel stand, an das Aufgeben und an Selbstmord dachte und mir vorzustellen versuchte, was dieses Kapitulieren für Konsequenzen und Schmerzen bedeutete, schien alles hoffnungslos.

Da passierte es.

Woher die Eingebung kam, weiß ich nicht. Sie war auf einmal da. Sie kam ganz leise, fast ein wenig schüchtern, aber vollkommen klar und unmissverständlich, und plötzlich sagte ich zu meinem Gegenüber im Spiegelbild:
„Stefan, hallo, Stefan, ich liebe Dich... und ich bin dankbar dafür, dass Du so bist, wie Du bist." Ich hörte meine Stimme, meine eigene Stimme, die ich noch nie gemocht hatte, meine Stimme, die sagte „Ich liebe Dich".

Auf einmal fiel alles ab – die Angst, die Wut, alle Emotionen erstickten in diesen Worten: „Stefan, ich liebe Dich, und ich bin dankbar dafür, dass Du so bist, wie Du bist."
Es wurde so still, so unbeschreiblich friedlich in mir. Ich hatte das Gefühl, jetzt gerade als neuer Mensch geboren zu werden, und alles, was war und was ich mir vorgeworfen hatte und nicht an mir mochte, war in diesem Moment nicht mehr wichtig.
Ich empfand so viel Liebe für mich selbst und war zum ersten Mal wirklich glücklich darüber, Stefan zu sein.

Die Veränderung

Ich wurde richtig süchtig nach diesem Gefühl und setzte meine Spiegelübungen fort.
So begann ich ganz bewusst, jeden Tag meine Liebeserklärungen an mich selbst zu machen. Ob im Büro, im Café, beim Arzt, im Zug, im Auto oder zu Hause – einfach überall, wo ich einen Spiegel sah.
Ich wollte mich dabei hören, was natürlich nicht immer möglich war – was denken denn andere Leute, wenn sie Dich vor dem Spiegel reden sehen? Deshalb begann ich zu flüstern, aber so vernehmlich, dass ich meine Stimme noch klar hören konnte. So entstand der Begriff „Spiegelflüstern".
Es tat mir gut, mich mit mir selbst zu beschäftigen und ein paar Minuten am Tag vor dem Spiegel bewusst mit mir zu verbringen, auch wenn ich nur diesen einen Satz sagte.

Zeitweise konnte ich meinen eigenen Anblick wirklich nicht ertragen, aber ich sagte trotzdem immer wieder: „Ich liebe Dich... und ich bin dankbar dafür, dass Du so bist, wie Du bist." Dabei war mir aber auch immer meine Stimme wichtig. Ich wollte sie hören und wollte fühlen, wenn sie sagte: „Ich liebe Dich."

Langsam wurden die Liebeserklärungen immer häufiger. Ich kam täglich auf fünf bis zehn Kontakte mit mir selbst. Ich genoss diese bewussten Augenblicke mit mir und hatte oft ein Lächeln auf den Lippen.

Nachdem ich etwa einen Monat lang Liebeserklärungen an mich selbst gemacht hatte, fühlte ich mich deutlich besser.

Das war auch die Zeit, in der ich begann, dem Wort „Danke" eine neue Dimension zu geben. Ich habe Gott dafür gedankt, dass ich dieses Erlebnis mit mir selbst haben durfte. Daraus wurde immer öfter ein Danke an Gott.

Es wurde immer besser, mein Leben bekam eine neue Richtung. Ich war nicht mehr so nervös und hektisch, mich erfasste eine noch nie gekannte Ruhe, die zeitweiligen Depressionen und meine Zukunftsängste waren weg, ich schlief entspannter, in meiner Beziehung lief es sehr viel besser, das Geschäft brummte, und ich fand mich selbst sehr liebenswert.

Ich lächelte so häufig wie schon seit langem nicht mehr, und mein Leben begann mir wieder Spaß zu machen. Ich war seit diesen Selbstgesprächen fast jeden Morgen gut gelaunt und genoss meine täglichen Liebeserklärungen an mich selbst.
Man hat mir in dieser Zeit in meinem Umfeld sehr oft die Frage gestellt, was mit mir los sei, warum ich so entspannt und gut gelaunt sei und so viel lache. Auch ich hatte zum damaligen Zeitpunkt noch keine wirkliche Antwort dafür, und so stellte ich mich abermals vor den Spiegel und fragte mich:
„Stefan, was ist los? Was machst Du anders und warum klappt es jetzt besser?"
Die Antwort, die mir der Spiegel gab, war einfach und doch so überraschend:
„Weil Du beginnst, Dich zu lieben und zu akzeptieren, so wie Du bist."

Ich war mit dieser einfachen, ja fast dummen Antwort nicht zufrieden. Warum sollten die Liebeserklärungen und das Danke an mich selbst „schuld" daran sein, dass so viele andere Sachen auch klappten? Ich konnte den Zusammenhang nicht erkennen.
Aber die Antwort vor dem Spiegel blieb immer die gleiche: „Wenn Du Dich liebst, akzeptierst und dankbar bist für das, was Du bist, dann wird alles so geschehen, wie es gut für Dich ist."
Meine Frage an den Spiegel war: „Und wer weiß, was gut für mich ist?"
Die Antwort war: „Du selbst!"
Nach dieser Antwort wusste ich, dass ich durch das Spiegelflüstern einen Verbündeten gefunden hatte, der immer greifbar, immer in meiner Nähe und mir absolut loyal ergeben war. Und dieser Verbündete war ICH SELBST.

Ich glaube, dass alles, was existiert, von Gott erfüllt und alles Gott selbst ist.
Gott ist überall und natürlich in allem - auch mitten in meinem Herzen.
Wenn Du Gott nicht als Mann bezeichnen möchtest, dann nenne ihn doch Göttin. Wenn Dich das Wort Gott stört, dann nenne dieses Schöpfer-Wesen doch einfach „die Liebe“, „die göttliche Harmonie“, „den Weltengeist“, „das höchste Wesen“, „meine Engel“, „die vollkommene Weisheit“ oder wie es sonst für Dich passt.
Wenn Dich der männliche Ausdruck „DER“ Gott stört, bedenke folgendes: Wir Menschen stellen uns den Himmel als Paradies vor. Ein Ort, frei von Leid, Krankheit, Gewalt oder sonstigen Dingen, die uns stören oder voneinander trennen.
Die Dualität dieser irdischen Welt empfinden wir oft als schmerzvoll, gut – böse, krank – gesund, richtig – falsch, lebend - tot, Mann - Frau, einsam - geliebt... Auf der höheren Ebene gibt es kein getrennt sein.
Der Himmel ist kein Ort, er ist ein Zustand oder eine Qualität. Ebenso wie die Liebe, die Musik, die Hoffnung, die Geborgenheit etc. Sind diese Begriffe für Dich weiblich oder männlich? Vermutlich keines von beiden. (Bedenke, dass all diese genannten Begriffe aber einen weiblichen Artikel haben...)
Wenn dieser paradiesische Ort – namens Himmel - frei von aller irdischen Getrenntheit ist, dann ist natürlich auch Gott selbst die Überwindung des getrennt Seins. Gott ist sowohl Mann und Frau in einem.
Gott ist einfach alles – Gott steht für universelle Liebe.
(Das ist meine persönliche Meinung zum Thema Gott und Dualität)
Im Christentum heißt es: „Das Reich Gottes ist in dir“,
im Buddhismus: „Schau nach innen, du bist der Buddha“,
im Siddha-Yoga: „Gott wohnt in dir als du“,
im Hinduismus: „Atman (das individuelle Bewusstsein) und Brahman (das universelle Bewusstsein) sind eins“,
im Islam: „Wer sich selbst kennt, kennt seinen Herrn“.

4

Beobachtungen

Nach einem Monat fasste ich den Mut, meinen Freunden vom „Spiegelflüstern" zu erzählen.
Sie reagierten unterschiedlich. Einige dachten sich vermutlich: „Jetzt dreht er völlig durch", konnten aber nicht umhin zu bemerken, dass ich mich positiv verändert hatte und immer öfter mit einem zufriedenen Gesicht herumlief. Bei Besprechungen passierte es häufig, dass mich die Liebeserklärungen an mich selbst in Gedanken überfielen und ich dabei lächeln musste (was im Geschäftsleben natürlich nicht immer so gut ankommt).
Dass sich bei mir sehr vieles äußerst positiv veränderte und dass Dinge einfach besser funktionierten, hatte sicherlich nichts mit einem „Wunder" im herkömmlichen Sinn zu tun. Es war einfach das Ergebnis meiner täglichen Liebeserklärungen an mich selbst.

Meinem Freund Herbert L. schilderte ich meine neuen Erfahrungen mit dem Spiegel. Er wurde neugierig. Herbert hat drei Kinder, und neuerdings, so erzählte er mir, hatte er Probleme mit seinem Nachwuchs. Seine Kinder redeten so wenig mit ihm und er konnte nicht zu ihnen durchdringen.

Wir legten Folgendes für ihn fest: Er sollte vor jedem Gespräch mit seinen Kindern ganz kurz ins Bad gehen und vor dem Spiegel sagen: „Herbert, ich liebe Dich, so wie Du bist, und ich danke Gott für meine Kinder."

Nach drei Wochen lud Herbert mich zu einem großen Essen ein. Die ganze Familie war versammelt, es war sehr harmonisch, und man konnte spüren, dass sich da etwas Grundlegendes verändert hatte.

Ich bemerkte, dass das „Spiegelflüstern" nicht nur bei mir wirkte. Auch in meinem Freundes- und Kundenkreis lösten sich einige Probleme, verhärtete Einstellungen oder festgefahrene Verhaltensmuster nur mit diesen „Liebeserklärungen" und der Dankesformel auf.

Ich habe nun aufgrund vieler Gespräche, Eindrücke und Reaktionen eine Methode entwickelt, die funktioniert, einfach ist und Dich pro Tag maximal 5 Minuten Deiner Zeit kostet.

Das „Spiegelflüstern" hat 2 Phasen:

Phase 1: die Vertrauensphase

Phase 2: die Umsetzungsphase

Die Vertrauensphase

Diese Phase geht nach innen, und die ersten positiven Veränderungen treten bei manchen schon nach 2 Tagen ein. Bei den meisten anderen zwischen 14 bis 21 Tagen.
Stell Dir vor, Du akzeptierst und liebst Dich, so wie Du bist, mit allen Fehlern und Unzulänglichkeiten, die Dich immer schon geärgert und frustriert haben (Ich bin zu dick, zu dünn, zu klein, zu groß, habe unreine Haut, zu viele Falten, zu wenig Haare, keinen Erfolg, alles geht schief, niemand liebt mich...).
Stell Dir vor, Du betrittst einen Raum und alle schauen Dich an, weil Du von innen heraus so strahlst, stell Dir vor, Menschen applaudieren Dir zu, stell Dir vor, alle suchen Deine Nähe...
Schließ die Augen und fühle es jetzt...

Wie ist das Gefühl, geliebt und begehrt zu werden, weil Du so bist, wie Du wirklich bist?
Wie ist das Gefühl, endlich Du zu sein und nichts mehr verstecken zu müssen, trotz so vieler „Fehler"?
Heute sehe ich meine Fehler als etwas Heilsames. Wir Menschen haben Fehler. Sie sind Teil unserer Schönheit. Auch wenn es schwer fällt, diesen Teil der eigenen Schönheit zu akzeptieren. Lerne durch das „Flüstern", Dich so zu akzeptieren, wie Du bist, um dadurch ein zufriedenes und sinnerfülltes Leben zu erfahren.

Diesen Satz („Ich liebe Dich, so wie Du bist, und ich danke...") kannst Du immer wiederholen, wenn Du einen Spiegel in der Nähe hast. Einige meiner KlientInnen kommen auf bis zu 15 Begegnungen mit sich selbst pro Tag.

Mir ist natürlich klar, dass jetzt viele Menschen versucht sind, dieses Buch sehr schnell wieder wegzulegen, weil ihnen die Methode so lächerlich „einfach" vorkommt.
Aber gib Dir selbst eine Chance – 5 Minuten pro Tag!

Am Anfang hatte ich das Problem, dass ich nach meiner Liebeserklärung vor dem Spiegel von meinem Verstand sofort die Botschaft bekam: Das stimmt ja alles nicht! Der innere Dialog war nicht zu stoppen. „Du liebst Dich ja überhaupt nicht. Wofür auch? Nichts klappt, Du bist faul und unfähig, erfolglos, nicht konsequent..."
Er hatte Recht, mein Verstand. Wie soll ich mich wirklich lieben, wenn ich ja nur von Problemen umgeben bin?
„Ich kann nicht Nein sagen!", „Ich bin hässlich!", „Ich habe Pickel!", „Niemand liebt mich!", „Alle nützen mich nur aus!", „Keiner versteht mich!", „Also, warum soll ich mich lieben und wofür soll ich danken?"

Diese negativen Gedanken kamen jedes Mal. Und jedes Mal habe ich sofort mit mir diskutiert und wieder alle Emotionen zugelassen.

Durch intensives Arbeiten mit dem „Spiegelflüstern“ kam ich nach einiger Zeit zur Erkenntnis, dass es sehr wichtig ist, in dieser ersten Phase (Vertrauensphase) diese negativen Gedanken nicht zuzulassen. Diese Gedanken und Gefühle haben am Anfang keinen Platz; wenn sie kommen, lass sie weiterziehen, wie Wolken die die Sonne verdecken. Also: Keine Diskussionen mit Dir selbst! Du sagst Dir nur: „Ich liebe Dich, und ich danke...“ usw.

Nach einiger Zeit „Spiegelflüstern“ werden die Selbstvorwürfe weniger, und Du fühlst Dich besser.

Dein Unterbewusstsein nimmt alles auf, was Du denkst, sagst und glaubst.

Du kannst Deinem Unterbewusstsein vermitteln, was Du willst – es glaubt alles. Das Unterbewusstsein kennt den Unterschied zwischen wahr und unwahr nicht. Wenn Du Dir jeden Tag mehrmals sagst, dass Du Dich liebst und akzeptierst, dann wird das von Deinem Unterbewusstsein aufgenommen, ohne dass es dies infrage stellt.

Das heißt, es ist völlig egal, wie Du Dich fühlst, wie Du ausschaust, wie Du auf Dich selbst wirkst, ob Du hässlich oder schön, arm oder reich, mit Job oder ohne, groß oder klein bist.

Wichtig sind nur Deine Worte an Dich.

Deshalb ist es entscheidend zu sagen, dass Du Dich liebst, dankst und okay bist – auch wenn Du die Worte aus irgendwelchen Gründen mühevoll herauspressen musst.

Dein Unterbewusstsein ist der Garten, Deine Gedanken und Worte sind die Samenkörner, und Dein Glaube wässert sie.

In der Vertrauensphase machen wir nichts anderes als unsere Liebeserklärung. Mehr ist in diesen 14 bis 21 Tagen nicht zu tun.

„Eine Romanze mit sich selbst ist der Beginn einer lebenslangen Liebschaft ohne Nebenbuhler.“ (Oscar Wilde)

Tipps für die Vertrauensphase:

» Wenn Du „spiegelflüsterst“ und dadurch den Prozess der Selbstliebe in Gang setzt, wird Dein Verstand sofort Argumente finden, warum Du Dich selbst gar nicht lieben kannst. Wenn negative Gedanken kommen, sag Stopp, die Diskussionen kommen später.

» Lächle Dich ganz bewusst an, wenn Du Dir einen wunderschönen guten Morgen wünschst, und versuche zumindest einmal in der Woche, Dich am Morgen vor dem Spiegel ganz bewusst 25 Sekunden lang anzulächeln.

» Achte auf Deine Atmung beim Flüstern. Atme bewusst 4 Sekunden ganz tief in den Bauch hinein und dann atme 7 Sekunden aus, bis Du keine Luft mehr in Dir hast. Mach diese Übung zweimal, und Du wirst erfahren, wie ruhig und entspannt Du dabei wirst. Dann flüstere.

» Nutze die Liebeserklärung dazu, Dir bewusst zu machen, was Du jetzt tust. Mach Dir bewusst, dass Du jetzt etwas für Dich selbst tust. Genieße diesen Augenblick und spüre den Moment.

» Hör genau hin, wenn Du sagst „Ich liebe Dich“, und mach eine Pause, bevor Du sagst „so wie Du bist“.

» Baue in Deine Liebeserklärungen immer ein „Danke“ ein. Wenn Du Gott (dem Universum, einer höheren Macht etc.) nicht danken willst, dann danke einfach Dir selbst für diesen bewussten Moment mit Dir.

» Auch wenn Du Dich nicht liebst und akzeptierst, auch wenn Du Dir nicht gefällst, auch wenn Du nicht mit Dir zufrieden bist, sage Deinem Unterbewusstsein trotzdem die Liebeserklärung. Vergiss nicht: Alles, was Du Deinem Unterbewusstsein sagst, glaubt es.

- Wenn ich mich zeitweise gar nicht anschauen kann, dann konzentriere ich mich nur auf meine Augen und lasse das Gesicht verschwimmen und sage meine Liebeserklärung.
- Mach die Liebeserklärung am Morgen einmal nackt und gewöhn Dich daran, es mindestens einmal im Monat nackt zu machen. So bist Du ohne Schutz. Sage jetzt „Ich liebe Dich und danke ...“ Spür diese unglaubliche Stärke, die Dich erfasst.

Die Vertrauensphase geht nach innen und ändert die Grundstimmung in Dir.

Der erste Kontakt

Es war Monate nach dem Erlebnis im Fitness-Center. Ich hatte schon die ersten Erfahrungen mit dem Spiegelflüstern gemacht, war aber noch nicht so weit meine Gedanken im Zaum zu halten, wenn ich flüsterte. Ich wusste ja auch nicht, dass das überhaupt gehen würde.

Dieser Tag!
Mühsames Aufstehen und ein mieses Gefühl. Ich ging zum Spiegel, doch das Flüstern klappte nicht. Ich brachte meine negative Stimmung einfach nicht weg.
„Wieso schickst Du mir so ein Gefühl?" fragte ich meinen Verstand. Wie ich auf die Idee kam, mir selber diese Frage zu stellen, weiß ich heute nicht mehr, aber diese Frage hat sehr viel bewirkt.
Ich fragte also meinen Verstand: „Was ist das Problem? Warum geht es mir schlecht? Warum habe ich so ein negatives Gefühl?"

Die Antworten kamen sehr schnell und mein Verstand lieferte mir Dutzende Gründe, warum ich dieses Gefühl verdient hätte:
„Du hast immer noch kein Geld, keine gute Beziehung, keinen vernünftigen Job, keine Perspektiven“ etc...
Also fragte ich meinen Verstand: „Glaubst Du, dass wir diese Herausforderungen eher mit einem schlechten Gefühl oder mit einem guten Gefühl bewältigen können?“
Er antwortete zögerlich: „Eher mit einem guten.“ Also sagte ich ihm: „Dann schick mir ein gutes Gefühl!“

4 Minuten später sah ich auf einmal nur mehr Chancen und Möglichkeiten, und das schlechte Gefühl war weg. Vor lauter Freude über diese Erfahrung habe ich meinem Verstand einen Namen gegeben, um ihn noch besser ansprechen zu können.

Meinen Verstand nannte ich „*Samuel*“

Bei den Spiegelflüster-Seminaren rege ich die Teilnehmer an, ihrem Verstand auch einen Namen zu geben und fast alle haben sofort eine Idee, wie sie ihn nennen können.
Bei den Feedbackrunden eine Woche später wird mir von den Teilnehmern immer wieder bestätigt, wie sehr sich ihr Leben positiv verändert hat, seit sie diese Kommunikation der anderen Art mit ihrem Verstand führen.

Wenn ich mit *Samuel* kommuniziere, dann spreche ich alle Bereiche in mir an: Verstand, Bewusstsein, Unterbewusstsein und meine Seele.

Der Verstand

Was will der Verstand?
Er will unbedingt überleben, Recht haben und die absolute Kontrolle ausüben.

1. Überleben – das ist klar

2. Recht haben – Fast alle Konflikte auf dieser Welt entstehen, weil irgendjemand glaubt, Recht zu haben - und der andere eben nicht. Der Verstand liefert dann viele Gründe, warum man Recht hat und diese Gründe sind absolut schlüssig und nachvollziehbar. So entsteht eine subjektive „Wahrheit", und wir Menschen glauben dann wirklich, die anderen müssten genau so denken wie wir. So gibt es auf dieser Welt ca. 7 Milliarden persönliche Wahrheiten.
Fast alle Menschen glauben, dass ihre Entscheidungen auf Wissen und direkter Erfahrung basieren. In Wirklichkeit lassen wir uns jedoch von sehr vielen Vermutungen und Überzeugungen leiten und nicht von unserer unmittelbaren Erfahrung.
Unbewusste Anschauungen sind diejenigen, die wir für die Wahrheit halten. In solchen Fällen denken wir nicht: „Ich glaube, dass es so ist", sondern: „Das ist so."
Wenn wir uns aber unserer Überzeugung bewusst werden (z.B. Ich finde nie den richtigen Partner) und erkennen, dass das nur unsere eigene und subjektive Wahrheit ist und keine allgemein gültige, wenn wir diese Überzeugungen entlarven, dann werden wir in ein anderes Bewusst-„Sein" hochsteigen können.

3. Kontrolle – Viele Beziehungen, sowohl beruflich als auch privat, bleiben nur deshalb bestehen, weil sich der Verstand sehr dagegen wehrt, die Kontrolle zu verlieren. Unser Verstand stellt dann, für uns sehr unbewusst, folgende Überlegungen an: „Auch wenn ich jetzt 5 Jahre lang

in einer schlechten Beziehung bin oder einen Job mache, der mir überhaupt nicht gefällt, so habe ich es ja doch überlebt. So schlimm kann es also nicht gewesen sein. Andererseits, wenn ich jetzt eine neue Beziehung eingehe oder einen neuen Job annehme, dann weiß ich nicht was passieren wird."
Um doch die Kontrolle zu behalten, liefert unser Verstand dann sofort schlüssige Gründe, doch in der alten Situation zu bleiben, weil... Man ändert nichts, bleibt weiter unglücklich - aber zumindest hat der Verstand noch die Kontrolle.

Viele Menschen glauben, sich nicht gegen negative Gedanken wehren zu können und bei vielen erlebe ich, dass sich dieses negative Gedankengut in ihrer Realität niederschlägt. Dabei brauchen wir bloß unseren Verstand zu unserem Verbündeten zu machen.

Jedes Mal wenn Dich ein negativer Gedanke oder ein schlechtes Gefühl heimsucht, frage Deinen inneren „*Samuel*": „Ist das wirklich so? Wer sagt das? Was möchte mir mein Leben damit sagen oder zeigen? Wo schaue ich nicht hin?" Sehr oft wirst Du bemerken, dass es in Wirklichkeit gar nicht so schlimm ist, dass Du nicht daran sterben wirst, dass die Welt nicht untergeht, dass Du Dir das nur selber einredest, um irgendjemanden zu manipulieren, damit er das tut was Du willst.

Seit ich regelmäßig diese „Selbstgespräche" mit *Samuel* führe, geschieht es dass ich über längere Zeiträume nichts Negatives über mich oder andere denke und ich reagiere viel gelassener auf alle möglichen Lebenssituationen. Durch das Spiegelflüstern habe ich bewusst meinen Verstand entlarvt - und das beflügelt mein Leben sehr.

Dein Denken
kann aus der Hölle einen Himmel
und aus dem Himmel eine Hölle machen.
(John Milton)

Die Umsetzungsphase

Die Umsetzungsphase geht nach außen.
Mit Deinem neuen Selbstwertgefühl, mit dieser neu gewonnenen Eigenliebe (durch die Vertrauensphase) wirst Du jetzt darangehen, Deine äußere Welt zu gestalten. Wie mit einem neuen Werkzeug gehe ich hier an altbekannte Aufgaben neu heran. Jetzt kommt der Zeitpunkt, wo Du bei Deinen Liebeserklärungen auch konkrete Ziele und Wünsche mit einpackst.

Ich habe einen Klienten, der schon jahrelang nicht aufhören konnte, Selbstkritik zu üben.
„Ich bin an allem schuld, ich mache alles falsch“ etc.
Seine Liebeserklärung lautete dann:
„Sebastian, ich liebe Dich... so wie Du bist, und ich danke mir selbst dafür, dass ich mein Bestes gebe.“
Die Selbstvorwürfe hörten nach einem Monat, in dem er jeweils 5-mal am Tag seine Liebeserklärungen machte, von selbst auf.
In der Umsetzungsphase bestärken Dich die Affirmationen (Unter Affirmationen versteht man das Wiederholen von heiligen oder positiven Selbstsuggestionen. Die Affirmation ist ein universelles Instrument der Selbstbeeinflussung, da sie auch völlig ohne einen religiös gefärbten Zusammenhang auskommt), an ein gewünschtes Ziel, einen Wunsch oder einen gewünschten Zustand bewusst zu denken. Je öfter Du an einen Zielzustand denkst, desto wahrscheinlicher ist es, dass dieser Zustand auch eines Tages eintritt. Und sei es nur deshalb, weil Du genauer darauf achtest.
Wenn Du Dir vornimmst, rote Herrenschuhe zu kaufen, wird man Dir vermutlich in vielen Schuhgeschäften erklären, dass es solche Schuhe gar nicht gibt. Wenn Du Dir aber Affirmationen zu roten Schuhen machst, dann wirst Du unbewusst jede Schuhauslage automatisch abscannen und die roten Herrenschuhe nur deshalb „zufällig“ finden, weil Du diese Suche Deinem Unterbewusstsein so fest eingetrichtert hast.
Als Beispiel: Stefan, ich liebe Dich, so wie Du bist, und ich danke Gott (Universum etc.) dafür, dass ich glückliche Momente bemerke und zulasse.

Wenn Du kein konkretes Ziel hast, dann danke Gott oder Dir selbst eben für diesen Tag. Das Wunderbare an diesen Liebeserklärungen und dem „Danke“ für ein gelöstes Problem ist, dass Du alles einsetzen kannst. Alles, was in Deinem Leben nicht funktioniert, was Dich stört, was nicht rund läuft und was Du Dir anders wünschst, kannst Du einbauen.

Kreiere Deine eigene Liebeserklärung.
Du kannst Dir nun auch alle Fragen stellen, die Deine Ziele, Deine ungelösten Probleme, verdrängten Gefühle, Deine Ängste, Wünsche, Erwartungen, Schmerzen, Blockaden, Bewertungen etc. betreffen, und mit Dir selbst vor dem Spiegel diskutieren.
Frag Deinen *Samuel* in Dir. Es ist dabei völlig egal, ob das in Deiner Vergangenheit liegt oder gerade aktuell ist. Aber bei allen Emotionen, Gefühlen und Gedanken, die jetzt kommen, schau genau hin. Hinterfrage sie. Ist es wirklich so, tut es wirklich so weh, wer sagt das über mich, werde ich daran sterben, verliere ich meine Freunde, meinen Partner, meine Partnerin? Hinterfrage jeden Gedanken genau, beobachte Dich und schau Dir an, was jetzt an Emotionen aus Dir herauskommt. Schau und hör hin, was passiert, mit dem Ziel, eine Affirmation zu finden. Als Beispiel: „Stefan, ich liebe Dich, wie Du bist, und danke für die Antwort auf die Fragen: Wie geht es mir momentan, wo möchte ich hin, was tut weh, was möchte ich ändern - usw."
Höre jetzt hin und schau Dir in die Augen und lass die Antwort zu. Übernimm die Antwort für eine Affirmation.

Ich habe mir am Anfang dieser Übung einen Wunschzettel geschrieben: was alles in meinem Leben eintreten soll, was ich verändern möchte und wofür ich dankbar sein kann. Dieser Zettel hat mir stets Anregungen für die Umsetzungsphase geliefert.
Zum Beispiel: „>Name<, ich liebe Dich, wie Du bist, und ich danke dafür, dass ich den für mich jetzt richtigen Partner kennen lerne."

„Was Du bestimmst, soll Dir gegeben werden." (Joh 22)

Positive Worte vor dem Spiegel wirken auf uns, sie finden den Weg in unser Unterbewusstsein und werden nach einiger Zeit Teil unseres Charakters.
Deine Gedanken (positive, aber auch negative) sind wie Magnete – alles, was Du Dir wünschst und artikulierst, wird geschehen. Ich habe im

Laufe dieser Übungen die Erfahrung gemacht, dass meine Liebeserklärungen gepaart mit Dankbarkeit der stärkste Magnet sind, um in mein Leben das zu bringen, was für mein Leben wichtig, richtig und gut ist.

Ein Verkäufer aus der Autoindustrie, der bei verschiedenen Kunden unterschiedliche Probleme zu lösen hatte, entwickelte eine allgemeine Liebeserklärung: „Lieber Daniel, ich liebe Dich... wie Du bist, und danke Gott dafür, dass ich es kann."
Dieses „Ich kann es" verwenden jetzt schon viele meiner KlientInnen.

Tipps für die Umsetzungsphase:

» Wenn ich eine Affirmation spreche, dann ist es für das Gelingen sehr wichtig, ein positives Gefühl beim Sprechen zu haben. Hast Du kein positives Gefühl beim Sprechen der Affirmation, dann ändere Deine Worte an Dich so lange, bis sich ein gutes Gefühl beim Sprechen einstellt.

» Ich arbeite nicht immer am gleichen Ziel, sondern frage auch ab und zu den Spiegel: „Was ist jetzt für mich wichtig?“ Von meinem *Samuel* bekomme ich immer sofort eine Antwort.

» Bei manchen KlientInnen hat es sich bewährt, dass sie auf dem Badezimmerspiegel ein kleines Post-it anbringen, auf dem das jeweilige Tagesziel vermerkt ist und das nach Erledigung ausgestrichen wird.

» Wenn Du dankst, sag nicht: „Ich danke dafür, dass ich erfolgreich WERDE“, sondern sag: „Ich danke dafür, dass ich erfolgreich BIN“. Stell Dir vor und fühle, wie es ist,erfolgreich zu sein. Visualisiere es (unter Visualisieren versteht man eine Übung, in der bestimmte Vorstellungsbilder konzentrativ und imaginativ hervorgerufen werden).

» Die gesteuerte Diskussion: Stell Dir vor dem Spiegel Fragen, die nicht mit dem Ziel in Verbindung stehen, zum Beispiel: „Warum reagiere ich auf die Person X so aggressiv?“ Solche Fragen lösen Diskussionen aus und diese sind wichtig, weil man dadurch viel über sich selbst erfährt und damit eine Affirmation findet.

- » Führe ein Tagebuch und dokumentiere all diese positiven Erlebnisse, die Du durch das Spiegelflüstern hast. Wenn Du darin liest, wird Dir immer wieder bewusst, wie stark Du bist und was Du alles schaffst, seit Du Dich so liebst, wie Du bist.
- » Nütze die Umsetzungsphase auch dazu, Dinge in Deinem Unterbewusstsein noch tiefer zu verankern. Ich hatte einen Klienten, der bei Stress immer sehr schnell rot anlief. Seine Affirmation war dann: (Name) Ich liebe Dich, so wie Du bist, und ich danke mir selbst dafür, dass ich jede stressige Situation mit einem kühlen Kopf meistere. – Drei Wochen später war es vorbei mit dem Rotwerden.

Die Methode

Stell Dich beim „Spiegelflüstern“ ca. 15 bis 25 cm vor einen Spiegel. Dieser Abstand ist sehr wichtig, bei größeren Abständen z.B. 1 Meter klappt das Spiegelflüstern nicht.
Betrachte Dein Gesicht und schau es Dir genau an. Schau Dich einige Sekunden sehr intensiv an!
Deine Haut, Deine Augen, Deine Nase, Dein Mund, Deine Ohren, Deine Haare...
Jetzt sage für Dich hörbar:
(Name) Ich liebe Dich... so wie Du bist, und ich danke Gott (dem Kosmos, dem Universum, mir selbst), dass ich so bin, wie ich bin.

Jetzt werden Gedanken kommen, die Dir erklären wollen, dass Du Dich gar nicht lieben kannst, weil...
Lass diese Gedanken während des Flüsterns nicht zu, sag Stopp und bitte Deinen *Samuel* um eine kurze Pause. Er kann diese negativen Gedanken später schicken, nach dem Flüstern.

Höre Deine Stimme, die Dir sagt: „Ich liebe Dich... so wie Du bist". Mach eine kurze Pause nach dem „Ich liebe Dich", damit Du Dich wirklich auf diese drei Worte konzentrieren kannst und sie wirken lässt.
Je länger Du es schaffst, nach dem Flüstern nicht negativ über Dich und Deine Situation zu denken, desto wirksamer ist diese Übung auf dem Weg zur Selbstliebe. Du wirst bemerken, dass Du es bist, der entscheidet, welche Gedanken Du zulässt und welche nicht. Je öfter Du flüsterst, desto leichter wird es für Dich, diesen Moment im Jetzt zu sein (ohne Gedanken).

Die geflüsterten Sätze „Ich liebe Dich, so wie Du bist" und „Ich danke Gott (Universum etc.) für diesen Tag" sind Affirmationen und stärken (vergleiche: lat. firmare = festigen, stärken) in psychologischer und spiritueller Weise Dein Gefühl zum Moment oder zum Tag.
Die beiden Sätze vor dem Spiegel erzeugen eine positive Grundstimmung in Deinem Inneren und können diesen Tag für Dich wohliger, angenehmer, bewusster oder auch nur leichter erträglich machen.

Normalerweise sagt man Affirmationen (Wünsche, Bitten, Selbstbestätigungen...) zu festgelegten Tageszeiten oder in bestimmten Situationen zu sich selbst.
Auch beim Spiegelflüstern ist das so. Aber mit einem wesentlichen Unterschied: Die Situation, die das Spiegelflüstern auslöst, ist der Moment, in dem Du tagsüber irgendwo bewusst oder zufällig in einen Spiegel schaust.
Viele KlientInnen bestätigen mir immer wieder, dass ihnen das Spiegelflüstern vor allem am Anfang sehr unangenehm war. Sie berichten mir, dass sie sich nicht wohl fühlen, so genau angeschaut zu werden, sich selbst so bewusst anschauen zu müssen.
Genau in diesem Moment entsteht eine Emotion. Eine Emotion der (vorerst) inneren Ablehnung gegen das Spiegelschauen und -flüstern. Aber es ist eben genau diese Emotion, die den Moment des Flüsterns intensiver macht. Dadurch werden die Affirmationen an Dich selbst in-

tensiver und tiefer in Dein Bewusstsein „eingebrannt". Das ist wie beim Autolack oder beim Skierwachsen. Erhitztes Wachs dringt tiefer in die Poren des Autos/Skibelages ein als kaltes Wachs.
Genauso dringen Deine Affirmationen an Dich selbst vor dem Spiegel tiefer in Dein Bewusstsein ein, weil sie durch Deine Emotionen vor dem Spiegel quasi „erhitzt" werden.
Deine Affirmationen beim Spiegelflüstern werden durch die Emotionen des Sich-in-den-Spiegel-Schauens wesentlich verstärkt.

Mein Flüstertag:

Er beginnt am Morgen nach dem Aufstehen, und da mache ich immer einen kleinen Event daraus.
Am Morgen im Bad lächle ich mich an und sage mir, dass ich mich liebe...
Dann beschäftige ich mich meistens mit den Wochen- oder Tageszielen.
Ich danke für eine gelungene Besprechung, einen positiven Geschäftstermin, eine nette Begegnung, einen schönen Tag, einen neuen Kunden, weniger Aggression, mehr Liebe für einen Menschen, meinen gesunden Körper etc.
So gestärkt, beginne ich den Tag.
Am Vormittag flüstere ich 2- bis 4-mal (unterschiedliche Themen, was mir gerade wichtig ist).

Am Nachmittag mache ich es ähnlich wie am Vormittag .

Den Abend beschließe ich sehr oft mit einem Danke für diesen erlebten Tag oder für einen erlebten Moment.

Häufige Fragen zum Spiegelflüstern

Wie oft soll ich spiegelflüstern?

„Sooft Du kannst“, ist meine einzige Antwort darauf.
Wenn es mir schlecht geht, wenn ich ein Ziel erreichen will, wenn ich einen Konflikt habe, wenn ich unruhig bin, wenn ich Angst habe, wenn ich das Gefühl habe, nicht gemocht zu werden, flüstere ich die entsprechenden Affirmationen in den Spiegel und damit mir in die Augen und ins Unterbewusstsein. Ich mache es auch wenn es mir gut geht, weil es die positive Situation für mich noch verstärkt.

Wie lange dauert es gewöhnlich, bis sich ein Ergebnis zeigt?

Du merkst es selbst am besten. Bei einigen Dingen oder Problemstellungen gibt es schnelle Lösungen; andere wirst Du über Monate bearbeiten. (Ein Freund von mir lernte nach drei Tagen des Spiegelflüsterns seine Traumfrau kennen.)
Es hängt natürlich auch von der Intensität Deiner Begegnungen ab und von Deinem gewählten Thema.

Wie kann ich mich ans Flüstern erinnern?

Seit ich flüstere, ist jeder Spiegel, den ich sehe, ein klares Signal (Symbol) für mich, daran zu denken, dass ich mich liebe. (Ich sehe übrigens viele Spiegel, Schaufenster usw.) Ein Klient hat sich einen kleinen Handspiegel in seinen Timer geklebt.

Was kann beim Spiegelflüstern noch passieren?

- » Du spürst Deinen Körper
- » Die Zeit steht still, und Du bist im „Jetzt"
- » Die Hektik des Tages verliert an Bedeutung
- » Du füllst Deinen Körper mit positiver Energie

Brauche ich immer einen Spiegel dazu? (nur für Geübte)

Wenn Du schon länger flüsterst, dann ist es ab und zu auch möglich zu flüstern, ohne einen Spiegel einzusetzen. Ich stelle mir gedanklich den Spiegel vor und denke meine Affirmationen.

Mein persönlicher Lebensweg zum Spiegelflüstern

Mein Leben

Ich wurde in Salzburg geboren und wuchs wohlbehütet in den Salzburger Bergen als ältester Sohn einer reichen katholischen Unternehmerfamilie auf.
Als „Kronprinz“ sollte ich die Firma (mehrere Kaufhäuser und Baumärkte) meines Vaters übernehmen.
Mit 9 Jahren kam ich in ein katholisches Internat, das “Stephaneum“ in Bad Goisern. Die Erziehungsmethoden waren sehr grausam; unsere Erzieher und die Schulbrüder vertraten damals noch die Meinung, dass eine „g’sunde Watsch’n“, eine Kopfnuss, Schlüssel ins Kreuz, stundenlanges Gangstehen die richtigen Mittel sind, um Schüler zu brechen.

Nach dem Internat versuchte ich dann in anderen Schulen weiterzukommen, und so kam ich nach Völkermarkt in Kärnten zu meiner Tante. Meine Tante und mein Onkel waren Schulprofessoren, und meine Eltern hofften, dass sie mich endlich zu einem vernünftigen und verantwortungsbewussten Menschen erziehen würden. Das klappte aber leider nicht.

Ich war eher der Sunny Boy, locker, immer unterwegs, und wollte nicht lernen.

Mein einziges Thema war das weibliche Geschlecht und wie ich es schaffen könnte, eine Freundin zu finden, die „es" endlich mit mir tut. Die Schule war mir völlig egal, weil ich ja reiche Eltern hatte; und so, dachte ich, würde ich immer überleben.

Immerhin schaffte ich es, wegen Ladendiebstahls in England fünf Jahre lang nicht einreisen zu dürfen.

Danach nahmen mich meine Eltern aus der Schule und ich kam in eine andere, und so ging es weiter bis zu meinem 18. Lebensjahr.

Irgendwann fand sich keine Schule mehr, die mich noch nicht kannte, also begann ich in der Firma meines Vaters zu arbeiten.

Ich war faul, aber mein Leben blieb trotzdem problemlos. Denn da war die große Firma, und ich brauchte nur darauf zu warten, bis ich sie übernehmen würde. Ich entwickelte mich zu einem verzogenen „Dandy", der das dicke Auto seines Vaters fuhr, viel Geld ausgab und bei den Frauen gut ankam.

Ich glänzte nicht unbedingt durch Gehorsam und Ehrgeiz, erledigte meine Aufgaben irgendwie oder auch nicht.

Ich machte mir damals auch überhaupt keine Gedanken über eine selbstverantwortliche Zukunft.

Meine Mutter war meine perfekte „Nebenfrau", sie erledigte alles für mich – sie machte meine Wäsche, ermöglichte mir meine unzähligen Affären, und wenn's nötig war, steckte sie mir Geld zu.

Im Unternehmen versuchte ich dann doch, eigenständige Wege zu gehen. Das funktionierte aber nicht, und so suchte ich meine Erfolge wiederum im privaten Bereich.

Meine Schulden wuchsen, und wenn mich eine Bank fragte, wie ich das alles zurückzahlen wolle, suchte ich mir einfach eine neue Bank, und sofort floss wieder Geld.
Beziehungen hatte ich viele, nur scheiterten sie alle. Ich begann eine neue Beziehung, und wenn es mir zu anstrengend wurde, zog ich eben wieder nach Hause und meine Mutter richtete es dann schon.
Ich hatte, wie es aussah, ein herrliches Leben und war nur unterwegs (vorzugsweise in Kärnten). In dieser Zeit strebte ich auch eine Theaterkarriere an und stand bei vier Theaterstücken auf der Bühne.
Zwischendurch leitete ich den Baumarkt in Oberalm und war eigentlich erfolgreich, hatte sehr gute Mitarbeiter und das Geschäft lief gut. Ich führte ein sehr entspanntes Leben und hatte eine wirklich hübsche Freundin aus der Stadt.
Nach einem Jahr machte ich mit dieser Beziehung aber Schluss, weil auch sie mich nicht glücklicher gemacht hatte. Als ich meine Exfreundin zwei Wochen später mit einem neuen Mann traf, änderte sich meine Stimmung dramatisch. Ich wollte sie zurück, doch das gelang mir nicht. So begann ich in meinem Selbstmitleid in Gedanken immer wieder die folgende Geschichte durchzuspielen: „Wenn ich jetzt einen Unfall hätte, was soll passieren?“ Ich wollte schwer verletzt auf der Intensivstation im Koma liegen. Meine Exfreundin sollte das sehen, leiden und zu mir zurückkommen. Diese Geschichte stellte ich mir mindestens hundertmal vor – immer mit neuen tragischen Details gefüllt, wie ich im Krankenhaus lag. Sie würde mich so sehen, weinen und den anderen verlassen.

Und dann passierte es um 2 Uhr früh auf der Autobahn: Ich fuhr zu schnell, hatte wohl Alkohol getrunken und kam von der Fahrbahn ab. Niemand sah meinen Unfall, und das Autowrack lag nicht sichtbar auf einer Notstraße unter der Autobahn. Die Polizei fand mich einige Stunden später durch einen sehr großen Zufall.
Die Polizisten waren sich nicht ganz sicher, ob ich noch lebte. Durch die Kälte waren meine Lebensfunktionen schon drastisch reduziert, es

hatte minus 10 Grad. Als einer der Polizisten Meldung über einen Unfall mit Todesfolge machen wollte, bewegte ich mich doch noch. Der Notarzt war wegen eines anderen Unfalles zufälligerweise in der Nähe, und es gelang ihm, mich zu reanimieren. (Danke dafür!!!)
Ich hatte ein schweres Schädelhirntrauma, eine Lungenquetschung, einen Oberschenkelhalsbruch usw. Durch den Aufprall war mein Gehirn angeschwollen. Um den Druck im Gehirn zu verringern, musste ein Loch in meinen Kopf gebohrt werden.

Durch ein Schädelhirntrauma kommt vieles durcheinander, und man reagiert ab und zu ziemlich seltsam. Bei den ersten Besuchen meiner Eltern im Krankenhaus sagte ich ihnen, dass ich mich sehr über ihren Besuch in meinem Urlaub freue. Aber ich würde hierher nicht mehr fahren. Der Kaffee sei schlecht, und ich könne nicht baden gehen (im Dezember), weil ich am Bett festgeschnallt war.

Ich musste im Krankenhaus und später in der Reha-Klinik vieles neu lernen (sprechen, Dinge benennen, richtig gehen etc.). Im Nachhinein erfuhr ich, dass viele meiner Bekannten gemeint hatten, ich würde „nicht mehr richtig werden", ich würde wohl ein Pflegefall bleiben. Nach dem Aufenthalt im Krankenhaus und in der Reha-Klinik war es mir dann erlaubt, meine Freundin in Wien zu besuchen. Ich fuhr mit dem Zug von Salzburg nach Wien. Irgendetwas bekam ich aber wohl nicht ganz mit, weil ich auf halber Strecke in Linz ausstieg und auf meine Freundin wartete. Sie wartete also in Wien und ich in Linz, und erst ein Bahnmitarbeiter klärte mich auf, dass ich da falsch war.
Mein Gehirn erholte sich zum Glück wieder. Trotzdem hat mich dieser Unfall fast zwei Jahre meines Lebens gekostet, und wiederum lernte ich nichts für mein Leben.
Nach dem Aufenthalt in der Rehabilitationsklinik und der Aufgabe der gemieteten Wohnung, in der ich nie war, kam ich wieder nach Hause zu meinen Eltern.

Das erste Jahr nach dem Unfall war sehr schwierig für mich, weil ich keinen Stress vertragen konnte, überhaupt nicht belastbar war, nicht Auto fahren durfte, extreme Angstzustände bekam und durch das Nichtstun viel Zeit zum Nachdenken hatte.
Ich träumte in dieser Zeit so oft vom Tod. Es waren keine schlimmen Träume, sondern der Tod präsentierte sich sehr gütig, und ich hatte das Gefühl, ich könne den Himmel greifen. Ich fragte mich sehr oft, warum das alles so passiert war. War ich wirklich zu 100 Prozent selbst daran schuld, hatte ich sterben wollen? Was hat es mir gebracht? Ich fand einfach keine Antwort darauf.

So begann ich sehr schnell wieder die Rolle des Opfers einzunehmen und sonnte mich im Mitleid, das mir entgegengebracht wurde.
Diese Taktik kannte ich ja schon, und sie hatte immer funktioniert. Meine Familie fing mich in dieser Zeit wunderbar auf, und ich hatte alle Möglichkeiten, wirklich zu genesen. Meine Mutter tat alles, damit es mir gut ging. Es lief eigentlich alles wie früher, und ich begann wieder zu werden, wie ich vorher gewesen war.
Mein hoher Schuldenstand reduzierte sich auf null, weil die Versicherung sehr viel Geld für diesen Unfall bezahlte. Die Versicherung kaufte mir auch ein neues schönes Auto.
Und alles begann von vorne.
Meine Motivation, im elterlichen Unternehmen zu arbeiten, war gering, und so versuchte ich eigene neue Projekte zu realisieren.
Dann kam es, das „Projekt“:
Mein Partner und ich hatten die Idee, in Salzburg ein Erlebnismuseum (wie Madame Tussauds) zu realisieren.
Ich legte vorübergehend in der Firma meines Vaters die Geschäftsführung nieder, um mich ganz auf dieses Projekt konzentrieren zu können.

Ich war wie besessen von dieser Idee und gab wieder viel Geld aus, das ich gar nicht hatte, um mich in Salzburg zu „verewigen". Ich fand einen Geldgeber, und das Projekt wurde dann tatsächlich in der Getreidegasse neben Mozarts Geburtshaus in Salzburg verwirklicht. Ich hatte leider nichts davon, weil der Geldgeber mich nach Fertigstellung nicht mehr benötigte.

Aber da war ja wie immer meine Mutter. Sie nahm den verlorenen Sohn natürlich wieder auf – und es begann schon wieder von vorne.

Ich arbeitete nach diesem neuerlichen Misserfolg wieder in der Firma meines Vaters, nur hatten sich die Rahmenbedingungen geändert. Mein kleiner Bruder hatte jetzt das Sagen, nachdem ich die Geschäftsführung ja zurückgelegt hatte.

Was sollte ich denn jetzt tun? Kein Museum, kein Ruhm, kein Erfolg, keine private Beziehung, keine eigene Wohnung, kein Geld mehr (inzwischen wollte mir meine Mutter auch schon nicht mehr so einfach welches zustecken).

Ich war mittlerweile 39 und lebte immer noch im riesigen Haus der Eltern.

Dann passierte es. Mein Vater weckte mich mitten in der Nacht auf und sagte: „Stefan, deine Mutter bewegt sich nicht mehr." Ich rannte ins Schlafzimmer meiner Eltern, und da lag sie. Ich nahm sie in den Arm, wiegte sie wie ein kleines Kind und schluchzte immer wieder: „Mama!". Wie lange ich sie so im Arm hielt, weiß ich nicht mehr. Dann kam der Arzt und sagte uns, es sei vorbei. Herztod...

Es tat so unbeschreiblich weh, diese Frau und die Sicherheit, die sie gegeben hatte, zu verlieren.
In den ersten Wochen nach dem Begräbnis realisierte ich erst diesen riesigen Verlust für mich. In der Firma meines Vaters konnte ich nicht mehr arbeiten, und so gründete ich eine Trainingsfirma, die sich mit Coaching und Trainings beschäftigte. Mein Unternehmen lieferte noch nicht diese Erträge, die ich mir vorstellte, und so quälte ich mich zwei Jahre herum. Es kam, wie es kommen musste. Ich hatte wenige Aufträge, noch zu hohe Schulden durch das Museum, und die Banken wurden immer ungeduldiger. Ich überlegte ganz ernsthaft, einen Konkursantrag zu stellen.
Und dann dieser 4. November (siehe Kapitel „Der Anlass“).

Viele meiner SeminarteilnehmerInnen fragen mich, warum das Spiegelflüstern funktioniert.
Johannes Kirchner und ich haben viele Bücher gelesen und mit Psychologen und Kollegen gesprochen, um dem Phänomen des Spiegelflüsterns auf die Spur zu kommen. Auch viele KlientInnen, Bekannte und Freunde gaben uns Tipps und Anregungen. Sie machten uns auf Ähnlichkeiten zu anderen Lehren aufmerksam.
Bei diesen Forschungen fanden wir immer wieder Bestätigungen dafür, dass die Methodik des Flüsterns in anderen Gebieten in ähnlicher Form vorhanden ist.

Wichtig:

Damit diese Ideen, Gedanken und Vergleiche im 2. Teil nicht zu verwirrend sind, schlage ich Dir vor, diese Kapitel wirklich übers Jahr zu lesen und jedes einzelne wirken zu lassen.
Die Reihenfolge ist egal.
Du sollst Deiner Intuition folgen und bei dem Stichwort nachschlagen, das gerade für Dich passt oder stimmig ist, frei nach dem Motto: Der Weg zu mir selbst, zu mehr Zufriedenheit, zu mehr Glück, zu Gott, zur universellen Liebe ist wie eine Bergbesteigung:
„Es führen viele Wege auf ein und denselben Gipfel, je nachdem, wie man sich seine individuelle Route zusammenstellt."
Im Gegensatz zu diversen Religionen bin ich der Meinung, dass es nicht „den einen richtigen Weg" für alle, sondern Tausende verschiedene Wege für jeden Einzelnen gibt, je nachdem, für welche Route oder für welchen Weg Du Dich entscheidest.
Dennoch ist Spiegelflüstern ein Weg, der sehr direkt und schnell zu Dir selbst führt.

Spiegelflüstern übers Jahr

JÄNNER

Das Unterbewusstsein

Ich nütze das Spiegelflüstern dazu, meinem Unterbewusstsein zu sagen, dass ich mich so liebe wie ich bin und ich weiß, dass mein Unterbewusstsein jede meiner Entscheidungen akzeptiert. Alles, was ich über mein Leben denke oder glaube, wird sich für mich bewahrheiten.
Es wird meine Realität.

Dein Unterbewusstsein kann gut oder böse, richtig oder falsch nicht unterscheiden und es kennt keine Angst.
Wenn Du lange und intensiv genug mit dem Gedanken spielst „Ich habe Angst davor, von der Polizei angehalten zu werden", wird das irgendwann tatsächlich passieren. Danach wirst Du sagen: „Siehst Du, ich hab's ja gewusst, es musste ja schief gehen." Richtig, DU wusstest es. Genauer gesagt: NUR DU wusstest es.

Da „jedem nach seinem Glauben geschieht" (Zitat aus der Bibel), hast Du genau das präsentiert bekommen, was Du an Gedanken, Worten und Gefühlen verursacht und damit ausgesandt hast und wovor Du Angst hattest.
Mach keine Witze über Unglück oder Pech, denn Dein Unterbewusstsein hat keinen Humor. Es versteht keine Verneinungen und somit bleibt bei den Worten „Hoffentlich habe ich keinen Unfall" nur „hoffentlich Unfall" übrig.
Jeden Tag senden wir unzählige negative Botschaften an unser Unterbewusstsein und sind dann ganz verwundert, wenn diese sich in unseren Erfahrungen und Beziehungen niederschlagen.

Was können wir dagegen tun?
Das Spiegelflüstern ist eine einfache Möglichkeit, Deine Worte, Bilder und Gedanken zu kontrollieren, mit denen Du Dein Unterbewusstsein fütterst.

Stefan, ich liebe Dich so wie Du bist und ich danke dafür, dass ich nur mehr positive und gute Gedanken zulasse.

Sehr wichtig!
Kontrolliere auch Deine Sprache auf negative Botschaften und höre anderen zu, wenn sie reden. Du wirst erstaunt sein, wie viel Negatives wir so sagen und es zeitweise nicht einmal mehr bemerken.

Memo an den Spiegel

Lass Dein Unterbewusstsein für Dich arbeiten, so wie ein Computerprogramm, das im Hintergrund läuft. Ich nenne es ein „Memo an den Spiegel“.

Wenn ich z.B. einen besonderen Menschen kennen lernen möchte, sage ich meinem *Samuel* vor dem Spiegel folgendes:

„Hallo, *Samuel*, wenn du in meiner unmittelbaren Nähe einen besonderen Menschen bemerkst, der etwas Positives für mich haben könnte, weck mich bitte auf. Mach mich gegenwärtig“.

Ganz egal, was Du haben möchtest oder suchst, sag es Deinem *Samuel*, und er wird dafür Sorge tragen, dass Du es bekommst und erkennst. Bei der Fülle von Informationen, denen wir tagtäglich ausgesetzt sind, ist es schwer, die Spreu vom Weizen zu trennen. Dieses „Trennen“ übergebe ich meinem *Samuel*, und wenn ich ihm klare Aufgabenstellungen gebe, sind die Ergebnisse verblüffend.

Ein weiterer Vorteil des „Memo an den Spiegel“ ist auch, dass mein *Samuel* sehr damit beschäftigt ist, das von mir Gewünschte zu finden bzw. mir zu zeigen. Durch diese Dauerbeschäftigung werden andere negative Gedanken, Vergleiche, Bewertungen weniger, mit denen ich sonst gequält würde.

FEBRUAR

Glauben

Durch das häufige Spiegelflüstern habe ich den Glauben an mich entscheidend gestärkt. Ich glaube an meine Fähigkeit, meine eigene Realität zu gestalten.

William James, der Vater der amerikanischen Psychologie, stellte bereits um 1905 fest, dass die Menschen immer diejenigen Dinge erleben und erfahren, die sie subjektiv für wahr halten, ganz egal, ob sie objektiv stimmen oder nicht.
In jedem Gedanken, in jedem Wort, in jedem Gefühl steckt eine schöpferische Kraft. Wenn ich sie aus ganzem Herzen als Wahrheit erachte, wird dieser „Glaube" dafür sorgen, dass es sich in meinem Leben und in meiner Umwelt manifestiert. Auch in diesem Punkt kommt unser Verstand ins Spiel. Wenn ich dran glaube, dass wir in einer schweren Krise sind, dann denke ich diesen Gedanken „schwere

Krise.....". Nachdem mein Verstand ja Recht haben will (Seite 41), wird er alles dafür tun, dass ich in meiner Umwelt nur mehr Bestätigungen dafür bekomme was ich denke.
Alles, was nicht meinen Gedanken entspricht, wird von meinem Verstand geschickt ausgeblendet, so dass ich es nie wahrnehmen kann. „Ich glaube, was ich sehe". Diese Aussage wird wahrscheinlich von allen Menschen vollinhaltlich unterstützt.
Umgekehrt heißt das aber auch, dass ich nur „das sehe, was ich glaube". Wenn ich es also nicht glaube, dann kann ich es auch nicht sehen und was ich nicht sehen kann, kann somit nie meine Realität werden.
Vorsicht: Zu glauben etwas nicht haben zu können, ist das gleiche wie der Wunsch, es nicht zu haben, denn es führt zum gleichen Ergebnis.

Beim Spiegelflüstern glaube ich ohne Zweifel daran, dass die von mir gewünschte Realität auf der Welt bereits vorhanden ist, und ich danke dafür, dass sie sich mir zeigt, ganz gleich, wie unglaublich diese Realität auch sein mag.
Das „Vorhandensein" von Realität versteht man am besten beim Partnerwunsch: Wenn es z.B. einen Traumpartner für Dich da draußen irgendwo gäbe, dann muss er schon da sein und einige Jahrzehnte leben. Somit ist er/sie schon vorhanden, aber Du hast ihn/sie noch nicht kennen gelernt. Gott wird diesen Partner nicht extra für Dich aus der Luft zaubern, oder?
Deshalb ist Spiegelflüstern eine sehr einfache Art und Weise, den Glauben an etwas zu stärken oder neu zu erschaffen. Dadurch werden entsprechende Realitäten erzeugt und bewusst wahrgenommen.

„Wenn ihr Glauben hättet nur so groß wie ein Senfkorn, würdet ihr zu diesem Berg sagen: Hebe Dich hinweg, und er wird es tun!" (Mt. 17, 20)

MÄRZ

Resonanz

Resonanz ist ein Begriff aus der Physik und definiert die Übereinstimmung der Frequenz einer Anregung mit der Eigenfrequenz des Systems oder einer Person.

Goethe formulierte sehr anschaulich:
„Wäre das Aug nicht sonnenhaft, die Sonne könnt es nie erblicken, läge nicht in uns des Gottes eigne Kraft, wie könnt uns Göttliches entzücken?"

Wir können nur mit Situationen, Ideen, Ängsten, Menschen in Berührung kommen, für die wir eine Affinität haben. Gleiches zieht Gleiches an.

Du wirst mit 100% Sicherheit keinen positiven Menschen kennen lernen, wenn Du selber negativ bist. Du wirst auch nicht geliebt werden, wenn Du Dich nicht selber liebst.

Masaru Emoto (japanischer Forscher) untersucht seit Anfang 1990 die Eigenschaften von Wasser und behauptet nachweisen zu können, dass Wasser lebe und die Fähigkeit habe, Gefühle und Informationen aufzunehmen und zu speichern. Er fror Wasserproben ein und betrachtete die entstandenen Eiskristalle unter dem Mikroskop. Wasser, das negativen Emotionen ausgesetzt war, bildete chaotische und unschöne Strukturen. Wasser, das positiven Emotionen ausgesetzt war, bildete wunderschöne und symmetrische Strukturen.

Beim Spiegelflüstern lade ich meinen Körper, meinen *Samuel*, alles was mich ausmacht, mit positiver Energie und Liebe auf. Diese Resonanz verhilft mir dazu, Menschen kennen zu lernen und Situationen und Ereignisse zu erleben, die auf dem gleichen positiven Energielevel, in der gleichen Resonanz sind.

Der christliche Glaube lehrt uns, dass wir vor jedem Essen ein Gebet sprechen sollen. Wir senden durch das Gebet positive Energie aus und das Essen und die Getränke gehen in Resonanz dazu und sind somit für uns besser verträglich.

APRIL

Das Beten und das Danken

Für mich ist das Spiegelflüstern eine Form des Betens, eine Form des Bei-mir-Seins.
Beim Spiegelflüstern hole ich mich aus der Aktivität, aus der Zerstreuung des Alltages zu mir selbst zurück.
Beim Spiegelflüstern danke ich Gott im Voraus für etwas, was ich meiner Wahl nach in meinem Leben erfahren möchte. (Stefan, ich liebe Dich so wie Du bist und ich danke Gott dafür, dass meine Wahrnehmung offen ist für alles Glück, das mich umgibt.)

Ich anerkenne ohne den kleinsten Zweifel, dass diese Erfahrung (Glück) in der Realität vorhanden ist und sich nur noch zeigen muss.
Bitte deshalb nie inständig um etwas. Erkenne dankbar an.

Mit einer Bitte gibst Du zu verstehen, dass ein Mangel herrscht und nachdem Gleiches Gleiches anzieht, wird dieser Mangel weiterhin Realität bleiben. Ein für Dich wirksames Gebet kann also nie ein Bittgesuch sein, sondern stets ein Dankgebet (Genau das ist Spiegelflüstern).

Deshalb kann man Spiegelflüstern auch als ein Beten der modernen Art bezeichnen. Nütze das Spiegelflüstern auch dazu, Dich einmal bei Deinem Körper zu bedanken. Spüre ihn und sage Danke dafür, dass er so gut funktioniert.
Danke dafür, dass Du hören kannst was Du hörst.
Danke dafür, dass Du fühlen kannst was Du fühlst.
Danke dafür, dass Du jetzt diesen Augenblick erleben kannst.

Wenn Du nicht auf Deinen Körper achtest, wo willst Du dann wohnen?

Brad Pitt sagt als Achilles im Film Troja:
„Danke dafür, dass du Mensch bist, denn die Götter beneiden dich darum, dass du sterben kannst, dass du fühlen, riechen, schmecken, lieben, leiden kannst. Du hast einen Körper, der diese Empfindungen erst möglich macht."

Danke dafür, dass es Menschen gibt, die Dich so lieben wie Du bist.
Danke für den Blick in den Sternenhimmel, für die Natur, für das Wunder Leben.
Danke für die Klarheit, die Du durch das Spiegelflüstern erfährst. Du kannst Dich für so vieles bedanken, und Du wirst sehen, es ist mehr als Du Dir vorgestellt hast.

Du findest Affirmationen für Deinen Körper im Kapitel „Affirmationen von Menschen, die spiegelflüstern“ (Gesundheit).

„Wenn es für Sie ein neuer Gedanke ist, dass Dankbarkeit Ihr ganzes Denken in größere Harmonie mit den schöpferischen Energien des Universums bringt, dann bedenken Sie es wohl, und Sie werden sehen, dass es wahr ist.“
Wallace Wattles

MAI

Selbstwert

Früher war mein Selbstwert von der Außenwelt geprägt, weil mein Verstand mein Leben regierte.
Alles, was mich wertvoll erscheinen ließ, war mit Besitz, Erfolg,Status, Partner, Geld, Aussehen etc. verbunden.
Bis ich durch das Spiegelflüstern erkannte, dass nichts davon wirklich ich bin, weil der Tod mir alles nimmt was ich nicht bin. Ich durfte erfahren, dass ich niemand sein muss um wer zu sein.

Bedenke, Du bist schon vor Deiner Geburt ein Sieger.

Du hast es geschafft, Dich gegen ca. 350 Millionen Spermien zu behaupten und ein Ei zu befruchten. Stell Dir vor: Alle Menschen in Europa nehmen an einem Marathon teil und wollen nichts anderes, als vor Dir anzukommen - und das mit allen Mitteln. Aber Du bist vor ihnen am Ziel.

Du warst als Baby für Deine Mutter so wertvoll - einfach, weil du da warst. Du musstest Deiner Mutter nichts beweisen um gefüttert oder geherzt zu werden. Du wurdest geliebt, weil du warst und dieses Gefühl, wertvoll zu sein und geliebt zu werden um Deiner selbst Willen, ist das Ziel dieses Buches.

„Mit jedem Menschen ist etwas Neues in die Welt gesetzt worden, das es noch nicht gegeben hat, etwas Erstes und Einziges“. Martin Buber

Wenn Du durch das Spiegelflüstern Deine Wertungen über Dich änderst (Ich bin es wert geliebt, respektiert und geachtet zu werden), dann hast Du auch die Absicht, dass diese gute Wertung für Dich Realität wird.

Ein Beispiel: Ein Klient kam zu mir mit dem Problem des mangelnden Selbstwertgefühls („Mich mag niemand“). Die Affirmation, die wir entwickelten, war: „Daniel, ich liebe Dich, so wie Du bist, und ich danke dafür, dass ich es wert bin, geliebt zu werden.“
Drei Wochen später erlebte ich Daniel als Vortragenden. Er war selbstbewusst, unglaublich locker, und die Zuhörer spürten, dass da ein Mensch spricht der erkannt hat wie wertvoll er ist.

Es gibt eine kleine Geschichte von einem jüdischen Rabbi, der seinem Schüler sagte: „Wenn du in den Himmel kommst, wird Gott nicht fragen: Warum warst du nicht Moses? Er wird fragen: Warum warst du nicht du?“

Übung „Gedankenkontrolle“:

Nimm Dir ab morgen vor, wenigstens 1 Stunde pro Tag nicht negativ zu denken.

Weder über Dich selber noch über andere Menschen noch über Situationen oder Umstände.

Beginne zum Beispiel von 9 bis 10 Uhr.

Wenn doch negative Gedanken kommen sollten, dann sag Deinem „*Samuel*“: Bitte schick mir alles nach 10 Uhr und lass mich momentan damit in Ruhe. Sei bei dieser Übung auf das Ziel konzentriert (keine negativen Gedanken) und lasse Dich auf keinen Fall ablenken. Dein Verstand wird alles tun um Dich davon abzubringen die Übung durchzuführen.

Diese Übung hat zweierlei Auswirkungen auf Dich und Deine Wahrnehmung. Erstens wirst Du in dieser Stunde sehr viel Positives sehen und erleben. Zweitens dient diese Übung dazu, zu erkennen dass Du mit Deinem „*Samuel*“ zusammenarbeiten kannst.

JUNI

Gestalte Deine Realität

Durch das Spiegelflüstern kam ich zur Erkenntnis, dass ich meine Realität selbst gestalte. Und zwar nur ich – und sonst niemand.
Marc Aurel sagte zu diesem Thema: „Die Welt ist das, was wir von ihr denken."
Alles, was sich bis zum jetzigen Zeitpunkt in Deinem Leben ereignet hat, ist durch Deine Gedanken und Worte, die Du in der Vergangenheit gedacht, geglaubt und gesagt hast, verursacht worden.
Das ist jetzt vorbei und auch nicht mehr rückgängig zu machen.
Wirklich wichtig ist nun nur mehr das, was Du jetzt denkst, welche Überzeugungen und Aussagen Du jetzt triffst. Diese Gedanken und Worte werden Deine Realität (Erfahrung) gestalten.
Viel zu oft lassen wir uns von Vermutungen und Überzeugungen leiten und nicht von unserer unmittelbaren Erfahrung. „Ich finde nie den richtigen Partner" ist nur eine subjektive Wahrheit und nicht die allgemeine Wahrheit schlechthin, auch wenn wir das glauben.

Mach also Deinen *Samuel* zu Deinem Verbündeten und weigere Dich, bestimmte Gedanken, Überzeugungen und Worte zu denken oder zu sagen, denn sie werden sich in Deiner Zukunft manifestieren.
Wie oft hast Du Dich dagegen gewehrt, positiv über Dich zu denken? Du kannst Dich auch dagegen wehren, negativ über Dich zu denken.

Ein Klient erzählte mir von seiner Angst vor der Zukunft. Es ging dabei nicht so sehr um seine, sondern um die Zukunft seiner beiden Töchter. Umweltprobleme, Kriege, Terror, die Wirtschaft – wie sollten seine Kinder in so einer Welt glücklich werden?
Das war seine Realität, und die Medien und seine Umgebung gaben ihm Recht. Die erarbeitete Affirmation für ihn lautete:
„Michael, ich liebe Dich, wie Du bist, und ich danke Gott dafür, dass meine Kinder auf dieser Welt ein glückliches und sicheres Leben führen."
Wichtig dabei war, die Aufgabe nie zu hinterfragen, sondern sie einfach so stehen zu lassen. Ich meine damit, die innere Diskussion („Das stimmt ja nicht, und die Welt ist am Abgrund...") gar nicht zu führen. Bei jeder bewussten negativen Meldung (TV, Radio, Zeitungen usw.) sollte er sich diese Affirmation sagen. Er tat es ca. 3 Wochen lang und erzählte mir dann, dass die Amerikaner jetzt auch schon übers Energiesparen nachdenken, dass seine ältere Tochter an einer renommierten Uni angenommen worden sei und die zweite Tochter einen guten Job bekommen habe, den sie sich so gewünscht hatte.

Nütze also das Spiegelflüstern, um die Wahrnehmung Deiner Realität zu ändern und in die von Dir gewünschte Richtung zu bewegen.

Stefan, ich liebe Dich so wie Du bist, und ich danke Gott dafür, dass durch mein Buch und meine Seminare Menschen gegenwärtig werden und erwachen.

Nutze die Krise als Chance

In jeder Krise gibt es Menschen, die einen Nutzen daraus ziehen, neue Technologien entwickeln etc... Was machen die anders?
Sie haben erkannt, dass sie eine Motivation eingehen müssen, die sie offen macht für Chancen, die das Leben uns bietet.
Damit Du zu jenen Menschen gehörst, die aus einer Krise unbeschadet hervorgehen, ist es unumgänglich dass Du eine bewusste Entscheidung triffst.
Britische Psychologen haben 5.000 Menschen eine Frage gestellt: „Was ist Glück?" Sie haben dabei herausgefunden, dass glückliche Zeitgenossen eine bewusste Entscheidung gegen das Unglücklichsein getroffen haben.

Vor dieser bewussten Entscheidung war meine Motivation davon geprägt, mich vor allem schützen zu wollen. Durch dieses Schützenwollen habe ich überall nur Gefahren gesehen. Mein ganzes Denken war darauf ausgerichtet, Lösungen gegen die Gefahren zu finden. Dieses Denken sensibilisierte mich für Gefahren und leider nicht für Chancen. Meine Leistungsfähigkeit sank bedrohlich, weil sich vor lauter Krisendenken die ersten kleinen Krankheiten bemerkbar machten.

Gleiches zieht Gleiches an. Wenn wir also aus Angst oder Mangel etwas Positives anziehen wollen, dann ernten wir das, was wir tatsächlich in unserem Inneren denken und fühlen. In unserer persönlichen Realität werden sich dann genau diese Angst oder Mangelgefühle manifestieren.

Damit die neue Motivation (es gibt so viele Chancen und Möglichkeiten) auch in mein Unterbewusstsein einging, war es sehr wichtig, sie zu meiner Realität zu machen.
Meine Affirmation dazu war: „Stefan, ich liebe Dich so wie Du bist und ich danke mir selber dafür, dass ich heute die bewusste Entscheidung getroffen habe, Augen und Ohren offen zu halten um Chancen, die mir mein Leben bietet, zu erkennen und zu nutzen".

Entscheide Dich dafür und Dein *Samuel* wird Dir folgen. Er wird ab sofort viel Energie darauf verwenden, Dir alle Chancen und Möglichkeiten aufzuzeigen (Dich gegenwärtig machen), die Dir jeden Tag geboten werden. Du wirst erkennen, dass sie wirklich vorhanden, also wahr sind, und alles, was Du als wirklich und wahr beurteilst, wird sich in Deiner persönlichen Realität widerspiegeln.
Nütze dazu das „Memo an den Spiegel" (Seite 71)

JULI

„Jetzt"

Beim Schreiben dieser 5. Neuauflage meines Buches hatte ich am 19. Jänner 2010 bei einem Spaziergang auf die Moosalm ein außergewöhnliches Erlebnis.
Auf einmal verstummte mein Verstand *Samuel* und ich erlebte einen gegenwärtigen Moment, der mir die Erkenntnis von absoluter Erleuchtung brachte. Der Wald, die Sonne, die Bäume, der Schnee, der Geruch, Vögel die sangen, meine Schritte, der Boden auf dem ich ging - alles war so intensiv und es gab keine Gedanken, die mich vom diesem Erleben abbrachten.

Ich war so im Frieden mit allem was geschieht und ich wusste in diesem Moment, dass das der Schlüssel zu meiner Befreiung ist.
Ich durfte erkennen, dass dieses „Jetzt“ Freiheit und Glück bedeutet und für mich die einzige wirklich erstrebenswerte Lebensform ist.
Ich konnte es gar nicht fassen und dachte noch „So fühlt sich der Himmel an.“
Jetzt erst verstehe ich den Ausspruch von dem heiligen Augustinus.
„Das Jetzt ist Zeitlosigkeit und somit Ewigkeit“
Ich kann den gegenwärtigen Moment nicht finden, solange ich in der Vergangenheit und in der Zukunft „herumdenke“.
Probleme kann ich nur dadurch empfinden, wenn ich mich gedanklich eben in der Vergangenheit oder in der Zukunft bewege. Genau das war nicht mehr möglich, weil mein Verstand *Samuel* geschwiegen hat. Denn nur er kann mich aus der Gegenwart reißen, weil er für seine logischen Konstrukte zwingend die Wahrnehmung zeitlicher Abläufe und Zusammenhänge benötigt.
Die Zeit, die wir erleben, ist ein Konstrukt des Verstandes. Jenseits des Denkens herrscht eine zeitlose Gegenwart, in der es so etwas wie Probleme nicht gibt.
Schau ein kleines Kind an, das einen Schmetterling beobachtet. Es nimmt nichts anders als den Schmetterling wahr, auf den alle seine Sinne fokussiert sind. Dieses Kind ist im „Jetzt“ und hat somit für „Denken“ keinen Platz.
Denken ist nur ein kleiner Aspekt des Bewusstseins. Gedanken können ohne Bewusstsein nicht existieren, aber Bewusstsein benötigt keine Gedanken.
Aber wie komme ich ins „Jetzt“, wie kann ich mich befreien von diesen Gedanken, die bewerten, die vergleichen, die gut und böse, richtig und falsch unterscheiden etc.?
Wie kann ich endlich mit allen Sinnen erleben was gerade passiert?
Ich habe für mich einen Weg gefunden und mein *Samuel* macht mit. Ganz egal, was ich gerade tue (z.B. arbeiten, schreiben, Fernsehen,

Sport, Sex, Essen usw.), ich bitte meinen *Samuel*, mir nur Gedanken zu schicken, die mit dem, was ich gerade mache, etwas zu tun haben. Immer öfter gelingt es mir so, einen Zustand zu erreichen, wo ich wirklich im „Jetzt" bin.
Dieses Gefühl ist unbeschreiblich.
Versuche es und Du wirst sehen, mit einiger Übung gelingt Dir dieses unbeschreibliche Erlebnis auch.

„*Wenn Du Dich völlig den Augenblicken hingibst, die gerade an Dir vorüberziehen, und ganz in ihnen aufgehst, wirst Du in diesem Augenblick ein reicheres, intensiveres Leben führen.*" (Anne Morrow Lindbergh)

Spiegelflüstern ist eine sehr gute Möglichkeit genau das zu trainieren. Wenn ich mir selber vor dem Spiegel sage, dass ich mich so liebe wie ich bin und danke für... dann habe ich meinen *Samuel* so weit gebracht, dass er mich in dieser kurzen Zeit mit seinen Gedanken (das stimmt ja nicht, du kannst dich gar nicht lieben usw.) in Ruhe lässt.

Beobachte den Lauf Deiner Gedanken

Leg Dich bequem auf ein Sofa oder setz Dich auf einen Stuhl. Schließ die Augen und beobachte jetzt den Lauf Deiner Gedanken.
Nimm jeden Gedanken an und lass ihn wieder los. Beschäftige Dich nicht mit den auftretenden Gedanken, sondern lass sie einfach weiterziehen. (Jetzt kommt der nächste Gedanke und jetzt der nächste usw.). Du wirst bemerken, dass die Gedanken regelrecht auf Dich einstürmen. Viele dieser Gedanken sind einfach loszulassen, andere setzen sich regelrecht in Deinem Verstand fest.
Sollte sich ein negativer Gedanke festsetzen, dann ersetze ihn so lange mit einem positiven, bis er weggeht. Ich verwende dazu meistens „Ich liebe mich" oder „Das Leben ist schön". Ich ersetze einen negativen Gedanken so lange mit „Das Leben ist schön" – und zwar immer und immer wieder – bis er weg ist.

Als Tipp: Es kann sein, dass eine innere Stimme Dir diese Übung als kompletten Schwachsinn darstellt. Das ist das EGO (es geht ohne), das sich sehr dagegen wehrt, entlarvt zu werden.
Diese Einstiegsübung wird Dir aufzeigen, was alles im Verstand so vor sich geht und Dich erkennen lassen, wie viel Unnützes wir so denken. 70 bis 80% des täglichen Denkens der meisten Menschen sind nicht nur nutzlos, sondern so destruktiv und schädlich, dass es gravierende Auswirkungen auf die Gesundheit und die erlebte Realität hat.

AUGUST

Gefühle

Jeder Mensch hat Gefühle, sie sind etwas Natürliches. Allzu oft lassen wir uns aber von Gefühlen manipulieren.
Wann immer ein unangenehmes Gefühl aufkommt, mache Dir eines klar: Dieses Gefühl kommt nicht von außen. Du erzeugst es selber mit einer ganz bestimmten Absicht. Du möchtest jemanden beeinflussen, damit er sich so verhält wie Du das für richtig hältst. Das kannst auch Du selber sein. Einen dauerhaft angenehmen Gefühlszustand erreichst Du aber nicht, wenn Du unangenehme Gefühle wegschickst oder zu lindern versuchst.
Akzeptiere sie wie sie sind, auch wenn die durch einen Grund ausgelöst wurden (Beziehungskrise, Jobverlust usw.). Diese Gründe sind aber nicht hauptverantwortlich für das Gefühl. Hauptverantwortlich bist Du selbst (durch die Bewertung Deines Verstandes aufgrund von erlernten und angeborenen Messgrößen). Unsere Instinkte spielen dabei ebenfalls eine Rolle.

„Gefühle sind Resultate unsere Bewertungen"

Ändere die Bewertung der momentanen Situation und augenblicklich ändert sich das Gefühl.
Eine Person verliert den Arbeitsplatz und bewertet dieses Erlebnis folgendermaßen: Ich habe keinen Job mehr . Woher soll ich jetzt das Geld nehmen für die Familie, für das Wohnen, Leben, Urlaub, Auto? Das ist eine Katastrophe.
Diese Bewertung bringt dann sofort ein negatives Gefühl und Hoffnungslosigkeit schleicht sich ein.
Eine Person verliert den Arbeitsplatz und bewertet dieses Erlebnis folgendermaßen: Ich habe keinen Job mehr. Er hat mir eh nicht so gut gefallen und endlich kann ich das machen was mir gut gefällt. Dieses Ereignis ist eine Chance für mich, auch wenn alle den Kopf in den Sand stecken. Ich sehe das Positive, ich kann mich jetzt fortbilden, vielleicht werde ich Unternehmer oder finde eine völlig neue Idee.
Diese Bewertung bringt dann sofort ein gutes, positives Gefühl und Motivation.

Wie Du schon im Kapitel „Das Unterbewusstsein" gelesen hast, werden auch alle negativen Gefühle (Sorgen, Hass, Vorurteile, Ängste etc.) die Du hegst, im Unterbewusstsein abgespeichert. Sie sind alle da, zusammen mit Deinen guten Gefühlen (Liebe, Zuversicht, Harmonie, Zufriedenheit etc.).
Welchen Gefühlen möchtest DU den Vorrang geben?
Durch das Spiegelflüstern und die interne Kommunikation mit *Samuel* erkannte ich, dass es wichtig ist meinen Gefühlen Aufmerksamkeit zu schenken und die Bewertungen, die dieses Gefühl erzeugen, zu hinterfragen.

Rupert F. kam in meine Praxis und beklagte sich darüber, dass er seine Aggressionen nicht mehr unter Kontrolle hatte. Erst am Tag zuvor hätte er sich beinahe mit einem rücksichtlosen Autofahrer geprügelt. Auch in

der Firma gab es wenige, die ihn unterstützen, weil er so schnell aggressiv wurde.
Die Affirmation für ihn lautete: „Rupert, ich liebe Dich, wie Du bist, und ich danke mir selbst dafür, dass ich nur noch positive Gefühle zulasse."
Er erzählte mir später, dass natürlich auch negative Gefühle kamen, aber durch die Affirmation und durch das Wissen, dass er selbst es ist, der diese negativen Gefühle erzeugt, genügte es, sie zu beobachten, ihnen Raum zu lassen und sie nicht immer so wichtig zu nehmen.

Übung, um positive Gefühle zu bekommen:

Solltest Du von einem negativen Gefühl übermannt werden, das kann sein Wut, Eifersucht, Angst etc., dann frage bitte Deinen *Samuel*: „Warum schickst du mir dieses negative Gefühl?“
Er wird Dir auch gleich antworten und all jene Dinge auflisten, die nicht funktionieren. Zumeist ist alles, was Dein *Samuel* an Gründen präsentiert, wahr und nicht zu leugnen. Danke Deinem *Samuel* dafür, dass er das alles aufgelistet hat, und stelle ihm dann folgende Frage: „Glaubst du, dass wir diese Herausforderungen eher mit einem guten Gefühl lösen können oder mit dem schlechten Gefühl, das ich gerade habe?“ Er wird Dir antworteten und er wird eingestehen, dass die Problemlösung mit einem guten Gefühl sicher besser funktionieren würde. Also sag ihm dann: „Dann schick mir ein gutes Gefühl, nachdem auch du erkannt hast, dass es mit einem guten besser geht!“

Ich garantiere Dir: In fünf Minuten ist das negative Gefühl weg.

Du kannst mit dieser Methode jede negative Stimmung sofort auflösen. Ob Trauer, Frust, Wut, Hoffnungslosigkeit, Aggression, Neid, Eifersucht, Versagensängste etc. Alle negativen Empfindungen lassen sich mit dieser Übung in motivierende umwandeln, um damit Herausforderungen aktiv anzugehen.
Darum ist Spiegelflüstern eine Möglichkeit, alle seine Gefühle anzunehmen, Bewertungen zu hinterfragen, ihnen Raum zu geben und bewusst positive Gefühle zu erzeugen. .

Tiere und die Selbstliebe

Ich hatte selber 13 Jahre lang einen Hund und dadurch Kontakt mit vielen Tierbesitzern. Nach vielen Erlebnissen und Gesprächen kam ich zur Erkenntnis, warum die meisten Menschen Tiere so gern haben.
Dein Tier liebt Dich so wie Du bist. Mit all Deinen Fehlern und Unzulänglichkeiten, mit allen Ängsten, Wünschen, Hoffnungen, Träumen etc. Deinem Tier ist es völlig egal wie Du aussiehst, was Du tust, wie wohlhabend Du bist, welchen Job Du ausübst, welchen Rang Du in der Gesellschaft hast, ob Du schwarz oder weiß, katholisch oder Buddhist bist.
Dein Tier nimmt nur den Menschen wahr, in seiner Einmaligkeit und Einzigartigkeit. Dein Tier liebt Dich so wie Du bist - und genau das ist es ja, was wir alle wollen.

SEPTEMBER

Instinkte

Eine große Rolle bei der Bewertung von Situationen und der Erzeugung von Gefühlen spielen unsere Instinkte. Unsere Instinkte wissen nicht, dass wir jetzt im 21. Jahrhundert leben. Sie verhalten sich immer noch so, als wären wir im Dschungel und müssten uns gegen Tiere verteidigen um zu überleben. Aus diesem Grund fühlen wir zeitweise Angst und Verzweiflung und können die Ursache dafür nicht finden.

Was also tun, damit unsere Instinkte Glücksgefühle erzeugen?
Es ist ganz einfach. Die Instinkte brauchen eine Bestätigung dafür, dass sich die Welt und mein Umfeld geändert haben.
Das heißt konkret:
Beim nächsten Essen mache ich mir bewusst, dass Nahrung im Überfluss vorhanden ist. Ich liefere meinen Instinkten die Bestätigung, dass ich nicht verhungern kann.
Beim nächsten Kontakt mit Menschen mache ich mir bewusst, dass es so viele gibt, die mich so annehmen wie ich wirklich bin und ich darum nicht einsam werden kann.
Beim nächsten Spaziergang mache ich mir bewusst, dass ich nicht von wilden Tieren gefressen oder von bösen Menschen behelligt werde, weil ich in einem sicheren Land lebe.
Ich mache mir bewusst, dass ich im Normalfall die volle Entscheidungsfreiheit über mein Leben habe, niemand kann mich wirklich zu etwas zwingen.
Ich mache mir bewusst, dass die Befriedigung meiner sexuellen Lust von niemandem abhängig ist.

Wenn Deine Instinkte erst einmal erkannt haben, dass zum einen fast nie eine wirkliche Lebensgefahr besteht und Du zum anderen sämtliche Herausforderungen weitaus besser erfüllen kannst, wenn Du keine Angst, sondern positive Gefühle wie Freude, Lust und Begeisterung hast, passiert etwas Unglaubliches: Deine „Problemsuchmaschine" (Dein *Samuel*), die bisher dafür sorgte, dass Du kaum etwas genießen konntest, wird nach und nach durch eine „Glückssuchmaschine" ersetzt. Je öfter es Dir gelingt, etwas Schönes zu genießen – auch wenn es zunächst nur kurze Momente sind –, desto mehr Schönes wirst Du in Deinem Leben entdecken. Sehr viel von dem „Schönen", das Du entdecken wirst, war von Anfang an da, nur hast Du es nie wahrgenommen.

Verena Z. kam zu mir wegen ihrer Unfähigkeit, ihr Leben auch nur ein bisschen zu genießen. Sie hatte ständig Angst davor sich zu entscheiden, weil sie hinter jeder Entscheidung den persönlichen Absturz (Die Grundversorgung könnte nicht gesichert sein, ich stehe auf der Straße und verhungere) vermutete und sich aus diesem Grund für nichts entschied.
Die Affirmation für sie lautete: „Verena, ich liebe Dich wie Du bist, und ich danke mir selbst dafür, dass ich alles habe, was ich brauche, um zufrieden zu sein."
Ihre Aufgabe war es, sich diese Affirmation bei jedem noch so kleinen Angstzustand zu sagen und bewusst ihren Instinkten zu bestätigen, dass alles okay ist. Verena kündigte vier Wochen später ihren Job und veränderte ihre Lebensumstände total.

Beim Spiegelflüstern spreche ich Affirmationen, die meinen Instinkten bestätigen, dass ich alles habe, was ich brauche, um glücklich zu sein. (Du findest eine Affirmation unter „Allgemeines".)

OKTOBER

Haben – Tun – Sein

Sehr lange, viel zu lange war ich folgender Meinung:
Wenn ich mehr Geld, Zeit und Erfolg hätte, dann würde ich ein Haus am Land erwerben, ein neues Auto kaufen, eine wunderbare Beziehung führen, glückliche Kinder haben, interessanten Hobbys nachgehen, viel reisen, viel Sport treiben etc. Dann würden mich alle achten, respektieren und lieben, und dann würde ich glücklich sein. Mein Glaubenssystem ging davon aus, dass schöne Lebensumstände glücklich machen.

Als ich mit dem Spiegelflüstern begann, wurde ich – der noch immer glaubte, dass mein Glück von äußeren Umständen abhängt -sehr schnell mit Menschen konfrontiert, die geachtet, respektiert, anerkannt wurden und glücklich waren, obwohl sie noch weit weg von Haus, Auto, Geld etc. waren.

Das Resonanzgesetz lehrt, dass die Umstände von unserem Inneren abhängig sind. Im wirklichen Universum produziert „ Haben“ nicht „Sein“, sondern gerade umgekehrt.
Wenn das „Sein“ (ich bin glücklich) ein „Tun“ auslöst und dann das „Haben“ (Auto, Haus usw.) produziert, dann ist es unabdinglich, einen Prozess in Gang zu setzen.
Beim Spiegelflüstern stelle ich mir immer vor, wie es ist, das Ziel schon erreicht zu haben. Auch wenn ich das Ziel noch nicht erreicht habe, erzeuge ich trotzdem das Gefühl, das ich empfinden würde, wenn ich das Ziel erreicht hätte.

In einem firmeninternen Coaching-Gespräch mit einer Führungskraft (Rudolph S.) wurde ich mit folgender Aufgabenstellung konfrontiert: Dieser Abteilungsleiter sagte: „Wenn ich zwei Mitarbeiter mehr bekomme (Haben), dann werden wir unsere Gebiete besser betreuen können (Tun), den Umsatz erhöhen, und dann wird mich unser Geschäftsführer zum Österreich-Verkaufsleiter machen (Sein).“ Was er nicht wusste, war, dass die Aufnahme zweier weiterer Mitarbeiter für das Unternehmen nicht infrage kam.
Die Frage an Rudolph S. war: „Was würde sich in Ihrem Leben ändern, und welche Gefühle empfinden Sie bei der Vorstellung, dass Sie Gesamtverkaufsleiter sind?“ Er antwortete: „Mehr Ansehen in der Gesellschaft, ich mag mich dafür, dass ich mein Ziel erreicht habe, ich fühle mich wichtig, mir wird mehr Respekt (auch vom Partner) entgegengebracht, und natürlich verdiene ich auch mehr Geld.“
Ich bat Rudolph S., das Gefühl zu beschreiben, das er momentan hatte. Wie fühlt es sich an, sich selbst zu mögen, respektiert und angesehen zu sein? „Natürlich gut“, lautete seine Antwort.
Um dieses Gefühl immer wieder zu erzeugen, erarbeitete ich mit Rudolph S. eine Affirmationen, die er sich vor dem Spiegel sagen sollte.
„Rudolph, ich liebe Dich wie Du bist, und ich danke Gott dafür, dass ich um meiner selbst willen geliebt und respektiert werde.“

Beim nächsten vereinbarten Termin zwei Wochen später kam Rudolph S. zu mir ins Büro und erzählte mir, dass keine neuen Mitarbeiter eingestellt würden, weil es die Geschäftsführung nicht wünsche. (Das wusste ich bereits.) Er erzählte mir auch, dass er die Affirmationen regelmäßig sagte und sich aufgrund seines neuen Gefühls („Ich werde respektiert, geliebt und bin angesehen") sehr vieles in seinem Leben geändert hatte. Ihm wurde der neue Job wirklich angeboten, nur wollte er ihn nicht mehr ausüben, weil er sich jetzt durch die Affirmationen so gut fühlte, dass er in seinem alten Job blieb und zufrieden war.

Darum ist Spiegelflüstern eine Möglichkeit, sich in den Sein-Zustand zu begeben und aus diesem „Sein" heraus das zu „tun", um das „Haben" zu erreichen oder zu erkennen, dass das Haben nicht mehr nötig ist.

NOVEMBER

Glück

Wie schon im Kapitel Haben – Tun – Sein beschrieben, sind wir alle in einem Glaubenssystem erzogen worden, das davon ausgeht, dass schöne Lebensumstände glücklich machen. Dieser anerzogene Glaube gaukelt uns einen einfachen, aber unmöglichen Weg zum Glück vor: Gestalte Dir glücklichere Lebensumstände, und Du wirst immer glücklicher.
In Wirklichkeit ist es jedoch genau umgekehrt. Eine positive äußere Realität lässt sich nur durch Wahrnehmung von Glück erzeugen. Willst Du also Glück anziehen, fühle es innerlich.

Normalerweise möchte ich Glück anziehen, wenn ich unglücklich bin. Das heißt, ich signalisiere dem Universum/Gott einen Mangel. Und genau dieser Mangel, den ich innerlich fühle, wird Realität werden.
Wie kann ich also innerlich glücklich sein, um dadurch echtes Glück anzuziehen, wenn die Motivation dieses Tuns mein Unglück ist?
Dein *Samuel* kennt die Wahrheit Deiner Gedanken.
Erst wenn Dein *Samuel* überzeugt ist, dass auch Du von so viel Glück umgeben bist, wird es für ihn zur Wahrheit und er trachtet danach, Dir alles Glück dieser Welt zu offenbaren.

Durch das Spiegelflüstern realisierte ich, dass alles, was in meinem Leben passiert, von mir gewollt ist. Es gibt keinen Grund (Gründe sind Entschuldigungen für mich selbst) und keine Rechtfertigungen, dass etwas nicht so läuft, wie ich mir das vorstelle.
Ich bin der Produzent meiner Erlebnisse, und ich kann sofort einen anderen Lebensweg einschlagen, wenn ich es will. Niemand kann mich daran hindern.
Ich trage die volle Verantwortung für alles, was passiert, und nicht Vergangenes oder andere Menschen.

Ähnliche Gedanken wie jene, die in diesen letzten 12 Kapiteln enthalten sind, finden sich auch bei: Louise L. Hay, Dan Millmann, Joseph Murphy, Erhard F. Freitag, Thorwald Dethlefsen, Masaru Emoto, Neale Donald Walsch, Jörg Starkmuth, Norman Vincent Peale, Eckhart Tolle, Ella Kensington, Ron Smothermon (siehe Literaturverzeichnis).

Rückmeldungen von „Spiegelflüsterern"

--- Lieber Stefan, danke für Dein großartiges Lebensbuch.
Johanna Maier Filzmoos

--- Wir möchten uns nochmals bei Ihnen für den schönen Vortrag und die „positive" Gedankenübertragung bedanken. Liebe Grüße aus Freistadt

---Danke für Dein offenherziges Buch. Deine Lebensgeschichte hat mich sehr bewegt.

---vielen Dank für die äußerst eindrucksvolle Leseprobe. Ihr Buch hat mich sehr angesprochen und für neue Ideen inspiriert. Gratulation zu diesen Worten.

--- „The month after!" Ich würde Ihnen sehr gerne meine Erfahrungen mit Ihrer Methode des Spiegelflüsterns erzählen. Ich bin begeistert, was sich da so alles tut und auch folglich „auftut". Diese Liebeserklärungen am mich selbst wirken phänomenal.

--- Ich habe Dein Buch bereits im Juli gelesen... und Anfang Dezember meine neue Liebe kennen gelernt!

--- Ihre Methode hat mir schon sehr geholfen. Habe sie jetzt in ganz schlimmen Zeiten angewendet. Keine andere Methode hätte mir so weiterhelfen können. Wenn es mir ganz dreckig ging, habe ich nur noch spiegelgeflüstert (egal ob bei Beziehungsproblemen, Jobsuche?). Es ist super, dass Sie auf das gekommen sind.

--- Das ist das schönste Geschenk (bis auf die Geburt meines Kindes) das ich je von einem Menschen erhalten habe.

--- Danke für Ihre Affirmationen. Übe fleißig beim Spiegelflüstern, meine Haut dankt es mir bereits, dafür möchte ich mich bei Ihnen herzlich bedanken. Danke für Ihr wertvolles Sein!

--- Ich hab das Buch von dir fertig gelesen... ist echt Spitze! Möchte es aber gern nochmals langsam lesen... ich arbeite schon mit dem Spiegelflüstern... muss jetzt meine Erfahrungen sammeln... und bin gespannt... einiges hat sich schon getan :-))

--- Es sind nun schon einige Tage seit Ihrem Vortrag vergangen und wir (ich und eine weitere Teilnehmerin) sind relativ überrascht, wie oft uns einige Ihrer Ausführungen immer wieder tangieren. Wir beide beschäftigen uns doch auch schon einige Zeit mit „coaching" und hätten bei uns selbst, unmittelbar nach dem Vortrag, eher eine geringe nachhaltige Wirkung erahnt. Daher freut es uns, dass es wieder mal anders kam, und wir möchten Ihnen daher aufrichtig gratulieren und Respekt zollen.

--- Ich hab das Buch von dir von einer Freundin geschenkt bekommen und übe fleißig. Unglaublich wie sich mein Leben schon jetzt verändert hat :-))

--- Vielen Dank für das Feedback und die Tipps. Habe sie angewendet und es geht mir schon sehr viel besser ;-)) Meine Frau hat Dein Buch auch gelesen und ist ganz begeistert. Sie möchte gern 5-6 Exemplare bestellen (zum Verschenken), sobald die 2. Auflage verfügbar ist.

--- Ich wollte Ihnen noch, wie versprochen, berichten wie es mir in den letzten 4-5 Wochen ergangen ist. Also: Kurz gesagt, es ist ein sehr gutes Grundgefühl entstanden. Ich ruhe viel mehr in mir und kann mit Problemen familiärer Art oder anderes viel besser umgehen als ohne Spiegelflüstern. Ich finde schneller wieder zu mir und einen positiven Ausweg aus einer unguten Situation. Das ist sehr angenehm, vor allem da ich früher manchmal tagelang brauchte, um mich wieder positiv einzustimmen. Auch entwickeln sich meine Tagesabläufe oft sehr harmonisch. Termine klappen wie am Schnürchen und alles läuft viel reibungsloser.

--- Dein Buch habe ich in den letzten beiden Tagen gelesen. Ich bin sehr dankbar, so mehr über Dich erfahren zu haben. Mit dem „Spiegelflüsterer" ist Dir ein Buch gelungen, wie ich es mag. Kurz, prägnant, mit vielen praktischen Beispielen, die sofort einsetzbar sind. Vieles ist für mich nicht komplett neu gewesen. Die Kraft des Spiegels wende ich schon lange an, aber Deine Anleitungen und Beispiele haben mich angeregt das für mich zu vertiefen. Natürlich ist es hilfreich, wenn man Walsch, Tolle, Starkmuth... schon gelesen hat. Doch der Einsteiger kann das auch mit Deinen Übungen nachholen und so im Nachhinein vertiefen.

--- Danke für das wunderbare Buch -ich hab es am Wochenende regelrecht aufgesaugt und mir hat die Lektüre richtig gut getan. Ich finde Deinen Ansatz und Deinen Zugang schön.

--- Hab Ihre Übungen bereits mehrmals erfolgreich angewandt! Vielen Dank für diesen wunderbar einfachen Tipp! Also mein Feedback für diese Übung ist sehr gut, Sie können sie bestimmt erfolgreich anderen Menschen weitergeben. Mit gefällt am besten dass es nicht kompliziert ist und man es ganz einfach „nebenbei" machen kann, ohne spezielles Setting o.a.

--- Hab es gleich bei ersten Mal fast bis zur Hälfte gelesen, Sie schreiben sehr einfach, fließend, sympathisch und so, dass man es leicht verinnerlichen kann. Ich weiß dass es eine sehr positive Wirkung hat, wenn man sich selbst Aufmerksamkeit schenkt und sich sagt dass man sich gerne hat (im Spiegel), aber daraus eine richtige „Therapie" zu machen (Therapie ist vielleicht nicht ganz das richtige Wort - es ist ein Selbsterfahrungsprozess!) ist eine ganz tolle Sache und Sie können sehr stolz und froh sein, dass Sie diese schöne Eingebung damals hatten. Kurzum: Mir gefällt Ihr Buch, ich bin fleißig am Flüstern und wünsche Ihnen noch viele Klienten und Leser, die Sie in diese einfache und doch so effektive Methode einweihen können.

--- Immer wieder unterhalten wir uns und jedesmal kommt für Augenblicke Deine Arbeit ins Spiel -- Ab ins WC!

--- Wir waren bei Deinem Vortrag recht lustig drauf, aber auch weil Du uns ein positives Gefühl mitgegeben hast. Das haben wir auch später noch fortgesetzt und ich bin echt beeindruckt, welch nachhaltiges Gefühl Du in uns ausgelöst hast, das immer wieder zu einer positiven Stimmung führt.

--- Ich werde auch Ihr Seminar besuchen, weil ich durch das Flüstern erkannt habe, was wichtig ist in meinem Leben. Mein Sohn (17 Jahre) liest es auch begeistert und fragt mich dauernd...

--- Ich habe Dein Buch gelesen und bin schwer beeindruckt. Ich finde es toll wie Du Deinen Weg gemeistert und diesen anschaulich niedergeschrieben hast. Dein Büchlein hat mich zum Nachdenken angeregt und ich fände es schön, wenn mehrere Menschen die Gelegenheit hätten aus Deinen Erfahrungen zu lernen.

--- Wir haben bei uns im Büro im Damen-WC einen großen Spiegelund wenn ich während der Arbeit das Flüsterbedürfnis habe, dann gehe ich eben einfach auf's Klo. So auch heute. Beim Rauskommen aus dem WC ist mir mein Kollege „Name" über den Weg gelaufen, sah mich von oben bis unten an und meinte trocken: „Die Erleichterung muss grandios gewesen sein, so befreit wie Du grad ausschaust...".

--- Meine letzten 2 Jahre waren sehr schwer und ein Freund hat mich zu Ihnen geschickt und ich bekam das Buch. Ich habe mich beim Lesen selber erkannt und beginne gerade eine Verwandlung, die mir sehr sehr gut tut. Danke für Ihre Ehrlichkeit.

Beruf

für Vorstellungen

Daniela, ich liebe Dich ... so wie Du bist, und ich danke dafür, dass meine Stärken und Fähigkeiten gesehen werden und ich als Person gut ankomme.

für Außendienstmitarbeiter

Martin, ich liebe Dich ... so wie Du bist, und ich danke dafür, dass ich heute einen guten Geschäftsabschluss habe.

bei Angst vor Jobverlust

Barbara, ich liebe Dich ... so wie Du bist, und ich danke dem Universum dafür, dass ich immer den für mich richtigen Arbeitplatz habe.

bei Unpünktlichkeit

Christian, ich liebe Dich ... so wie Du bist, und ich danke dafür, dass ich meine wertvolle Zeit sinnvoll nütze.

zur Motivation

Erich, ich liebe Dich ... so wie Du bist, und ich danke Gott dafür, dass ich alles schaffe was ich mir vornehme.

bei Mobbing

Alexander, ich liebe Dich ... so wie Du bist, und ich danke dafür, dass ich in der Firma fair und ehrlich behandelt werde.

bei Abschlussschwäche im Verkauf

Thomas, ich liebe Dich ... so wie Du bist, und ich danke dafür, dass meine Argumente beim Kunden richtig ankommen.

bei Angst vor Verantwortung

Elisabeth, ich liebe Dich ... so wie Du bist, und ich danke dem Weltengeist dafür, dass ich Verantwortung übernehme und lebe.

bei mangelndem Selbstbewusstsein

Günther, ich liebe Dich ... so wie Du bist, und ich danke Gott dafür, dass ich meine Fähigkeiten und Talente für mich und andere sichtbar mache.

zur Stärkung der Intuition

Klaus, ich liebe Dich ... so wie Du bist, und ich danke dafür, dass ich mich auf meine Intuition verlassen kann.

bei Frust im Job

Monika, ich liebe Dich ... so wie Du bist, und ich danke dafür, dass ich den Mut zur Veränderung habe.

für Chaoten

Michael, ich liebe Dich ... so wie Du bist, und ich danke dafür, dass ich das Wesentliche erkenne und umsetze.

bei mangelnder Kreativität

Sabine, ich liebe Dich ... so wie Du bist, und ich danke dafür, dass meine Kreativität in mir erwacht und ich sie zum Ausdruck bringe.

bei negativer Stimmung im Unternehmen (Chefposition)

Franz, ich liebe Dich ... so wie Du bist, und ich danke dafür, dass ich mich an den Ideen, Talenten und Stärken meiner Mitarbeiter erfreue.

Familie

bei Problemen mit den Kindern

Ute, ich liebe Dich ... so wie Du bist, und ich danke meinen Kindern dafür, dass jede Herausforderung eine Chance mit sich bringt um Veränderung geschehen zu lassen.

bei Familienproblemen

Veronika, ich liebe Dich ... so wie Du bist, und ich danke dem Universum dafür, dass mich meine Familie so liebt und akzeptiert wie ich bin.

bei Vater - oder Mutter Konflikt

Stefan, ich liebe Dich ... so wie Du bist, und ich danke Gott dafür, dass ich meinem Vater / meiner Mutter in Liebe vergeben habe

zur Vergangenheitsbewältigung

Regina, ich liebe Dich ... so wie Du bist, und ich danke dafür, dass ich meine Vergangenheit in Frieden gehen lasse und liebevoll nach vorne schaue.

bei Zukunftsängsten

Markus, ich liebe Dich ... so wie Du bist, und ich danke Gott dafür, dass ich meinem Leben vertraue und dass es gut für mich sorgt.

zur Konfliktlösung

Wolfgang, ich liebe Dich ... so wie Du bist, und ich danke Gott dafür, dass ich die Herausforderung annehme und löse.

um Grenzen zu setzen

Stefanie, ich liebe Dich ... so wie Du bist, und ich danke dafür, dass ich meinem Gegenüber in Liebe sofort klarmache, wenn Grenzen überschritten werden.

für mehr Mut

Dieter, ich liebe Dich ... so wie Du bist, und ich danke Gott dafür, dass ich mich mit Freude und Hingabe jeder neuen Herausforderung stelle.

Tod

Das ist die schwierigste und vielleicht wichtigste Affirmation in diesem Buch, weil es die zentrale Frage des menschlichen Lebens ist.
Der Tod hält mir die Dualität des irdischen Lebens am stärksten vor Augen: Wohin geht ein Mensch wenn er stirbt, warum stirbt er, warum kommt er nicht zurück, warum muss ich alleine hier bleiben und leiden?
Diese so wichtigen Fragen zum Tod und Sterben kann Dir dieses Buch nicht beantworten. Am ehesten wirst Du darauf eine Antwort in Deiner jeweiligen Religion finden.
Dieses Buch und diese Affirmationen können Dir aber helfen, Deinen aktuellen Zustand im „hier und jetzt" zu verbessern und zu unterstützen. Das ist im kritischen Moment des Verlustes vermutlich viel wichtiger.
Ich stelle Dir die Frage:
Was waren die wichtigsten drei Qualitäten, Gefühle oder Emotionen - die der verstorbene Mensch in DIR persönlich bewirkt oder ausgelöst hat?

Versuche Dich zu erinnern! Fühle hin! Welcher Verlust schmerzt Dich am meisten? Welche Situationen und Gefühle vermisst Du jetzt am meisten?
So schwer es dir auch fällt, diese Emotionen und Schwingungen, die der gestorbene Mensch in Dir geweckt hat, zu erinnern - bedenke, diese Gefühle sind doch DEINE eigenen Gefühle. DU hast sie gefühlt, Dein Körper hat sie produziert, sie sind Teile Deines eigenen Emotional-Körpers. Der/die Verstorbene hat sie ausgelöst oder bewirkt. Aber gefühlt und gespürt hast Du sie selbst.
Es ist wie mit einem Gitarre-Spieler. Der/die Verstorbene hat Deine Saiten zum Schwingen gebracht. Aber das Instrument samt Saiten – das bist DU. Der Verstorbene hat nur die Saiten gezupft.
Wir rufen durch die folgende Affirmation eine göttliche Instanz an, die hier einspringt um Dir anstelle des Verstorbenen diese positiven Gefühle zu geben. Versuche eben diesen Teil Deines Emotional-Körpers in Dir zu aktivieren - mit Unterstützung des gesamten Universums.
Was waren für mich – Stefan - die wichtigsten Qualitäten und die wichtigsten Gefühle, die meine verstorbene Mutter zu Lebzeiten in mir ausgelöst hat?
Es war die Qualität der Sicherheit, und sie gab mir das Gefühl, nicht alleine zu sein.
Meine Affirmation dazu lautete:
„Stefan, ich liebe Dich so wie Du bist und ich danke Gott, dass ich in Sicherheit bin und mit allen Menschen und der Welt stets verbunden bin“.

Schreibe hier Deine 3 wichtigsten Gefühle auf, die Du mit dem/der Verstorbenen verbindest:

Ein Beispiel: Michael vermisst an seiner verstorbenen Frau am meisten folgende Gefühle:
Ich fühlte mich von ihr voll und ganz geliebt. Sie hat meinem Leben Sinn gegeben. Ich bin allein - ich werde nie mehr so glücklich sein.
Seine Affirmation könnte lauten:
„Michael, ich liebe Dich so wie Du bist und ich danke Gott, dass ich mich geliebt fühle, dass mir MEIN Leben immer wieder einen Sinn gibt und dass ich mit allen Menschen und der Welt stets glücklich verbunden bin."

Allgemeine Themen

um Vergebung bitten, für sich selbst oder einen anderen Menschen

Alois, ich liebe Dich ... so wie Du bist, und ich danke Gott dafür, dass ich mir und (Name) vergebe für das, was war.
(Diese Affirmation ist unglaublich wichtig, weil jeder Mensch irgendwo Groll und Wut in sich trägt. Gegen sich selbst oder gegen andere Menschen).

um am Morgen diese Negativspirale zu unterbrechen

Du kennst das sicher. Du stehst auf und die ersten Gedanken sind: „Ich bin zu spät", „Das Wetter ist schlecht", „Heute habe ich ein schwieriges Gespräch, wahrscheinlich aufreibende Kunden", „Ich fühl mich nicht wohl und hab außerdem schlecht geschlafen". So setzt sich die Negativspirale munter fort, und am Ende bist Du richtig schlecht gelaunt.

Stefan, ich liebe Dich ... so wie Du bist, und ich danke mir dafür, dass ich jetzt „Stopp" sage und meine Gedanken wieder auf das Gute in mir richte.

um Prioritäten setzen zu können

Peter, ich liebe Dich ... so wie Du bist, und ich danke Gott dafür, dass ich weiß, was für mich jetzt wichtig ist.

bei Finanzproblemen

Doris, ich liebe Dich ... so wie Du bist, und ich danke Gott dafür, dass ich ein Magnet für Geld bin.

Affirmation, die meinen Kontext über mich verändert

Kerstin, ich liebe Dich ... so wie Du bist, und ich danke dafür, dass ich ein kreativer Schöpfer bin und mein Leben eine erfüllte Reise ist.

Affirmation, die meine Wertungen ändert

Stefan, ich liebe Dich ... so wie Du bist, und ich danke Gott dafür, dass ich es wert bin, jetzt geliebt zu werden (jetzt Erfolg zu haben, jetzt...)

Affirmation zur Beruhigung meiner Instinkte

Hermann, ich liebe Dich ... so wie Du bist, und ich danke Gott dafür, dass ich in Sicherheit bin und alles habe, was ich brauche um glücklich zu sein.

Affirmation um Glück zu bemerken und dadurch mehr Glück zu bekommen

Beate, ich liebe Dich ... so wie Du bist, und ich danke Gott dafür, dass meine Wahrnehmung offen ist für alles Glück, das mich umgibt.

Fallbeispiele aus der Praxis

Dieter A. ist ein sehr vorsichtiger und nicht besonders mutiger Mann (Eigendefinition). Er hatte immer vor allem Möglichen Angst, was ihm im privaten oder beruflichen Bereich passieren könnte, und war aus diesem Grund nie richtig glücklich und entspannt.
Seine Liebeserklärung war dann: „Dieter, ich liebe Dich ... so wie Du bist, und ich danke Gott dafür, dass ich mich mit Mut, Freude und Hingabe jeder neuen Herausforderung stelle."
Das Resultat war, dass er seinen Job kündigte und sich erfolgreich selbstständig machte.

Dagmar K. kam zu mir, weil ihre Beziehung davon geprägt war, dass sie sich ihrem Mann völlig angepasst hatte, um ihm zu gefallen, und dadurch ihre eigene Identität völlig aufgegeben hatte. Ihre Liebeserklärung war: „Dagmar, ich liebe Dich ... so wie Du bist, und und ich danke mir dafür, dass ich zu mir stehe und ehrlich meine Gefühle ausspreche."
Es war ihr nach einiger Zeit wieder möglich, über ihre Gefühle, ihre Erwartungen, ihre Wünsche und Vorstellungen zu reden.

Thomas S. hatte vor einem Jahr seinen sehr gut bezahlten Job als Manager in der Möbelindustrie verloren. Er versuchte vergeblich, einen gleichwertigen Job zu finden, und hatte laut seinen Aussagen viele Bewerbungsgespräche, die aber zu keiner Einstellung führten. Sein Problem war, dass er zwar gut Möbel verkaufen konnte, aber nicht sich selbst.
Seine Liebeserklärung war: „Thomas, ich liebe Dich ... so wie Du bist, und ich danke dafür, dass ich mir meiner Stärke bewusst bin und sie nach außen spiegle."
Vier Monate später bekam Thomas einen gleichwertigen Job in einem Zulieferunternehmen für die Möbelindustrie.

Silvia K. kam zu mir wegen einer Mediation bezüglich ihrer Scheidung. Im Laufe des Gesprächs stellte sich heraus, dass ihre Eheprobleme daher rührten, dass Silvia nach ihrer Schwangerschaft einfach nicht mehr die gleiche Figur wie vorher hatte. Ihr Partner bekam große Probleme damit, und die Beziehung funktionierte nicht mehr. Silvia hatte viele Diäten versucht, aber sie schaffte es nicht.
Ihre Liebeserklärung war dann: „Silvia, ich liebe Dich ... so wie Du bist, und ich danke Gott dafür, dass ich eine wunderschöne Frau bin."
Silvia und ihr Mann ließen sich nicht scheiden.

Waltraud S. (44) sprach mit mir über eine Schönheitsoperation. Sie sagte: „Wenn ich mir die Lider straffen lasse, dann fühle ich mich wieder jung und erfolgreich." Waltraud war in der Kosmetikbranche. Ihre Liebeserklärung war: „Waltraud, ich liebe Dich ... so wie Du bist, und ich danke für meine Falten, weil sie mich zu dem besonderen Menschen machen, der ich bin."
Waltraud hat sich nicht operieren lassen und ist nach wie vor in der Kosmetikbranche tätig.

Doris F. ist mit Leib und Seele Mutter und Hausfrau. Irgendwann bekam sie das Gefühl, nichts wert zu sein und nichts zu leisten. Ihr Mann hatte dazu beigetragen, weil er ihre Arbeit im Haus und mit den Kindern nicht als Arbeit sah. Doris begann ein Verhältnis mit einem anderen Mann, in der Hoffnung, von dieser Seite Anerkennung und Liebe zu bekommen. Aber sie erkannte, dass das nicht funktionierte, und kam eines Tages zu mir.
Ihre Liebeserklärung war: „Doris, ich liebe Dich ... so wie Du bist, und danke Gott dafür, dass ich als Geliebte, Mutter und Hausfrau gesehen und anerkannt werde."
Doris rief mich nach einiger Zeit an, um mir mitzuteilen, dass sich ihr Mann jetzt plötzlich aktiv für ihr Leben interessiert und sie glücklich ist.

Walter F. konnte den Arbeitsstress nicht mehr richtig bewältigen. Er ließ seinen Frust an seiner Familie aus und war depressiv und gereizt. Seine Liebeserklärung war: „Walter, ich liebe Dich ... so wie Du bist, und ich danke Gott für meine Familie die mir Kraft und Ausgleich schenkt, um mit meinen Herausforderungen in der Arbeit besser klarzukommen."
Nach einigen Wochen führte Walter wieder ein harmonisches Familienleben.

Bei Julia K. klappte nichts mehr. Ihr Job war mühsam, ihre Beziehung kurz vor dem Ende, selbst der Sport machte ihr keinen Spaß mehr. Es stellte sich sehr schnell heraus, dass sie in allem nur noch das Negative sah. Ihre Ausdrucksweise war so gespickt mit Negativbotschaften, dass diese Entwicklung in ihrem Leben nicht verwunderlich war.
Ihre Liebeserklärung war: „Julia, ich liebe Dich ... so wie Du bist, und ich danke Gott für diese positive Welt, in der ich lebe."
Julia hat jetzt wieder Freude am Leben.

Bertram D. kam als Lieferant von Computerteilen zu uns in die Firma. Er erzählte mir so nebenbei, dass er glaube, gewisse Menschen würden sich über ihn lustig machen.
Seine Liebeserklärung war: Bertram, ich liebe Dich ... so wie Du bist, und ich danke Gott dafür, dass ich respektiert werde und meine Fähigkeiten und Talente für mich und andere sichtbar mache."
Bertram strotzt vor Selbstbewusstsein.

Willi K. wurde von seinem direkten Vorgesetzten in den wöchentlichen Gesprächen häufig kritisiert und für alles verantwortlich gemacht, was im Unternehmen nicht funktionierte.
Als Reaktion darauf begann Willi diese wöchentlichen Termine zu verschieben, und in letzter Konsequenz wurde er immer öfter krank.
Seine Liebeserklärung war: „Willi, ich liebe Dich ... so wie Du bist, und ich danke Gott für meine Stärke, zu mir selbst zu stehen und meine Meinung zu sagen."
Willi besorgte sich einen Handspiegel fürs Büro, um vor jedem Termin mit seinem Vorgesetzten noch einmal Rücksprache mit sich selbst zu halten und sich kurz vor dem Gespräch noch eine Liebeserklärung zu machen. Nach dem dritten Gespräch fing der Vorgesetzte über einen Kollegen von Willi zu jammern an. Ab diesem Tag wurde die Kritik an Willi immer seltener (Der Vorgesetzte kritisierte jetzt Willis Kollegen).

Jed
jed
Je:
Im
Ba
w
D
B
t
I